战法合集之万法归宗

袁博◎编著

中国宇航出版社
·北京·

内 容 提 要

本书是为散户投资者量身打造的股票证券交易指南，书中详细讲解26种股市实用交易方法，包括大市强弱判断、市场趋势判断、选股方法及选股标准、正确的买卖时机、资金和仓位管理方法、详细的交易步骤等，方便散户投资者在实战交易中参考借鉴，避免盲目交易和交易失败，简单、快速地从市场交易中获得盈利。

图书在版编目（CIP）数据

战法合集之万法归宗 / 袁博编著. -- 北京 : 中国宇航出版社，2023.1（2023.7重印）
ISBN 978-7-5159-2158-7

Ⅰ. ①战… Ⅱ. ①袁… Ⅲ. ①股票交易－基本知识 Ⅳ. ①F830.91

中国版本图书馆CIP数据核字(2022)第227442号

策划编辑 田芳卿
责任编辑 洪　宇　　**封面设计** 付洪铃

出版发行 中国宇航出版社
社　址 北京市阜成路8号　**邮　编** 100830
（010）68768548
网　址 www.caphbook.com
经　销 新华书店
发行部 （010）68767386　（010）68371900
（010）68767382　（010）88100613（传真）
零售店 读者服务部　（010）68371105
承　印 天津画中画印刷有限公司

版　次 2023年1月第1版
2023年7月第7次印刷
规　格 889×1194
开　本 1/16
印　张 6.5
字　数 85千字
书　号 ISBN 978-7-5159-2158-7
定　价 59.00元

目录
Contents

战法1 五步核心战法

一、战法概述

1. 分析大盘，评判市场的安全程度，决定操作的仓位。
2. 9:15—9:20，把集合竞价出现涨停试盘的股票全部收藏。
3. 9:25分，把刚才保存的股票中适度高开的股票（1%～5%）进一步保留。
4. 精选其中大概率是机构操作的股票（如量比1～5，成交金额100万～6000万元，成交手数3000～50000手）。
5. 再通过图形和指标进行更加细致的分析，留下上升潜力较大的股票（把出现上涨遇阻、多方减缓等迹象的股票进一步剔除）。

二、操作分解

1. 分析大盘，评判市场的安全程度，决定操作的仓位。

· 当0%<大盘涨幅<1%时，全天50%仓位操作。

· 当大盘涨幅>1%时，全天可考虑70%以上仓位操作。

· 当大盘涨幅<0%（大盘下跌）时，当天谨慎操作或者不操作。如需操作，仓位控制在20%以下。

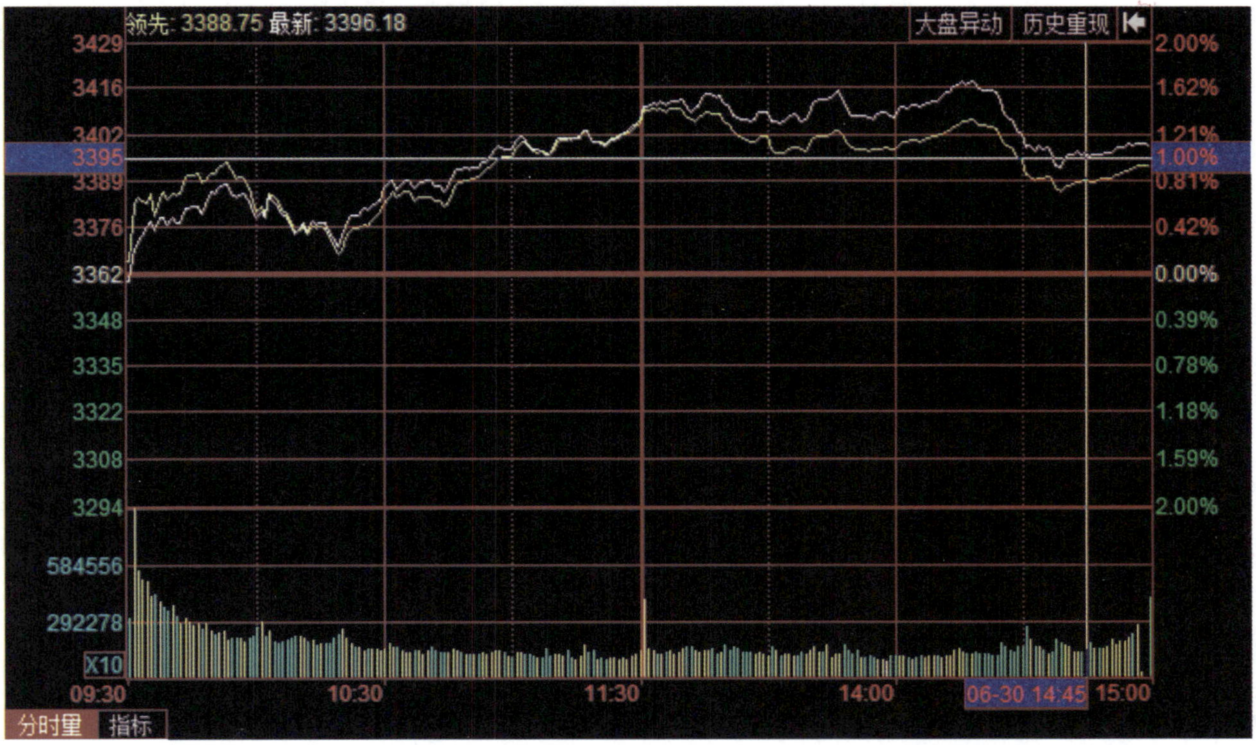

2. 9:15—9:20，把集合竞价出现涨停试盘的股票全部收藏（【i问财】搜索：集合竞价涨停试盘股票）。

涨停试盘：在集合竞价前五分钟曾触及过涨停，但只是尝试，大部分都会撤单。涨停试盘散户是做不到的，只有主力才有这种能力。那就可以确定这只股票有庄家存在，并且近期庄家已经开始蠢蠢欲动了，才会考虑竞价涨停试盘，目的是为了吸引跟风盘，测试股票的活跃度，最终达到拉升的效果。

3. 9:25分，把刚才保存的股票中适度高开的股票（1%～5%）进一步保留（【i问财】搜索：高开1%～5%）。

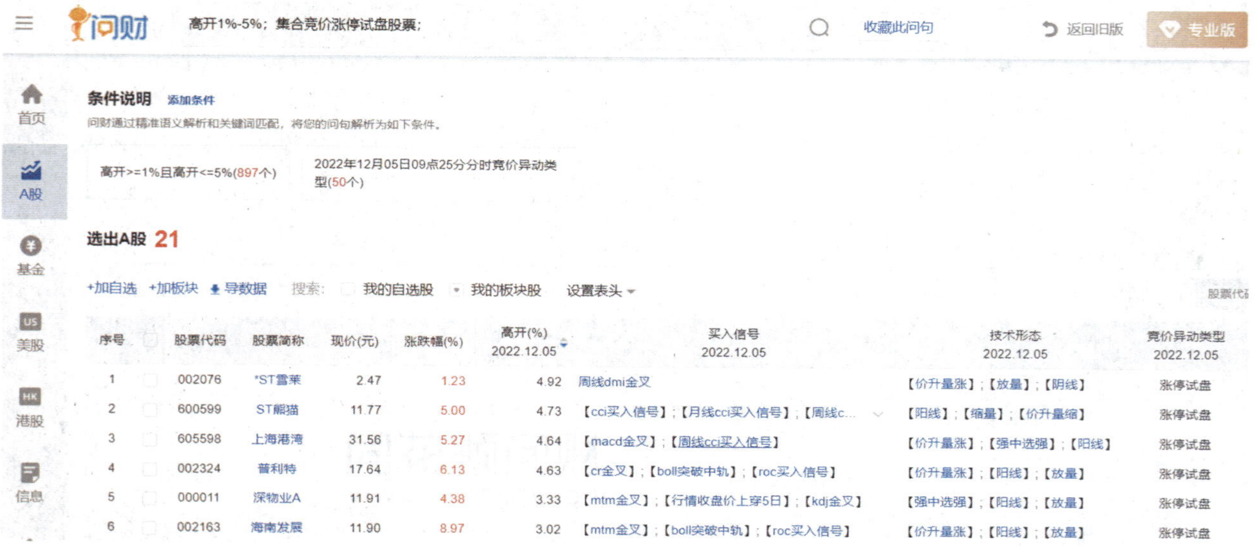

4. 精选其中大概率是机构操作的股票（如量比1～5，成交金额100万～6000万元，成交手数3000～50000手）。

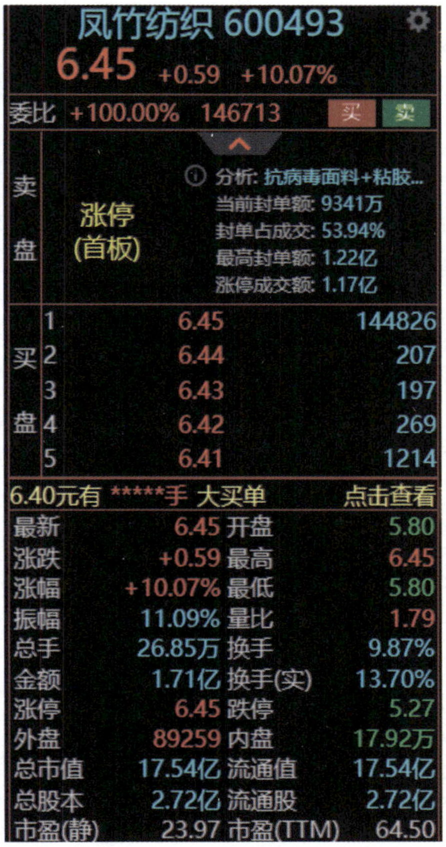

5. 再通过图形和指标进行更加细致的分析，留下上升潜力较大的股票（把出现上涨遇阻、多方减缓等迹象的股票进一步剔除）。

战 法 笔 记

战法2 涨停板回调介入战法

一、战法概述

战法逻辑：主力在建仓阶段都会对股价进行打压式洗盘，那么只要股价出现洗盘完成后的回调，就可以把握住股价的第二波反弹，顺利上车，跟随获利。

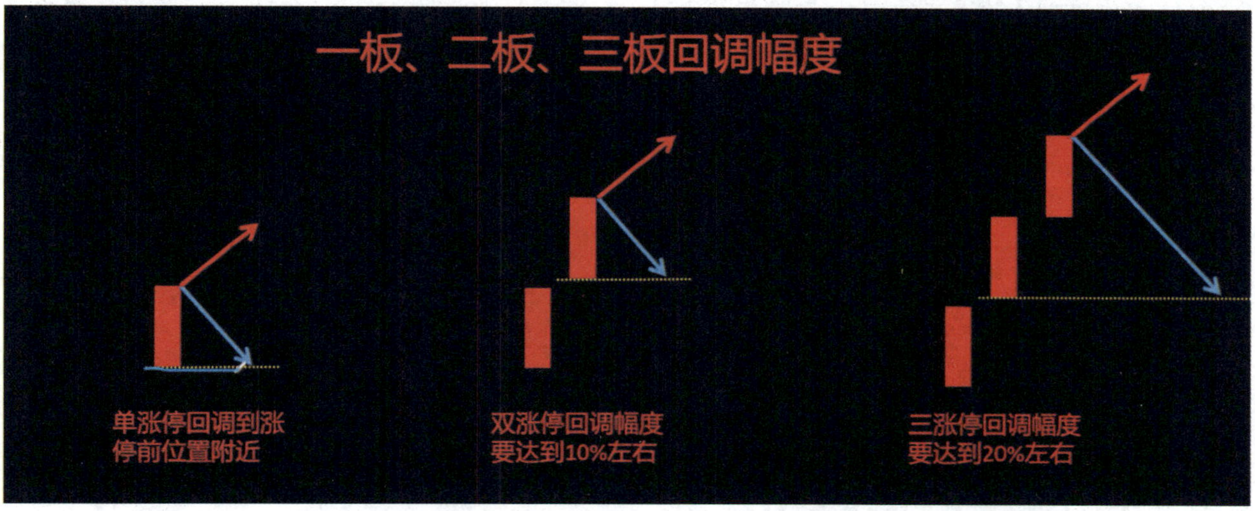
一板、二板、三板回调幅度
单涨停回调到涨停前位置附近
双涨停回调幅度要达到10%左右
三涨停回调幅度要达到20%左右

必备条件：个股出现涨停前期，股价应是处于横盘整理的相对低位，不能有大量套牢盘与跟风盘。

战法要点：

1. 启动点位为横盘整理至少一个月的低位。
2. 启动之后股价必须要回调，回调幅度是之前涨幅的一半左右。
3. 回调之后，下跌动能释放完毕，出现止跌信号。
4. 止跌信号之后出现放量阳线，涨幅只要达到3%就可以介入。

二、操作分解

1. 启动点位为横盘整理至少一个月的低位。启动前至少在低位横盘整理一个月，这样主力才有足够的时间震荡洗盘吸筹。震荡整理时间越长，后市上涨幅度越大。

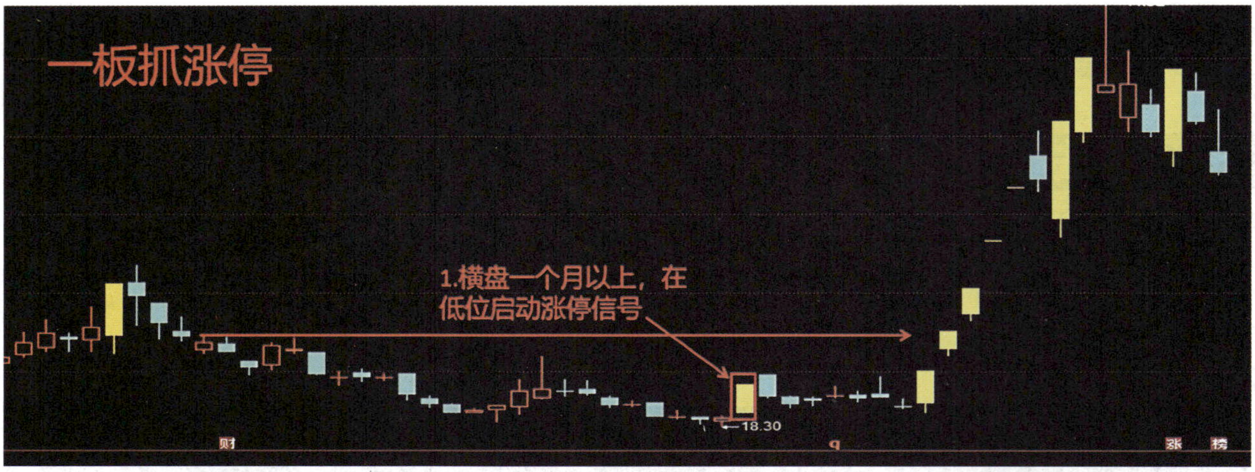
一板抓涨停
1.横盘一个月以上，在
低位启动涨停信号
18.30

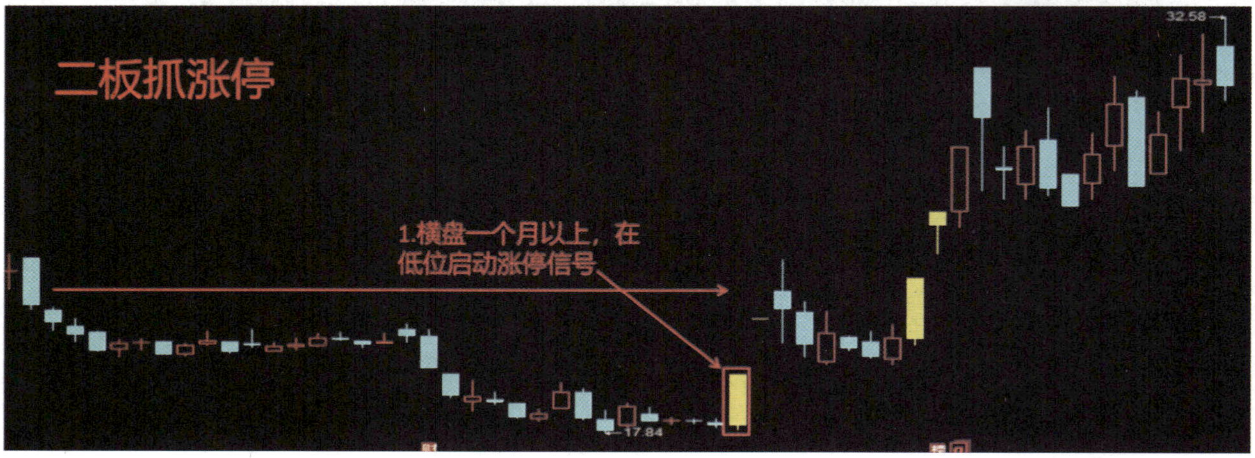
二板抓涨停
1.横盘一个月以上，在
低位启动涨停信号
32.58
17.84

2. 启动之后股价必须要回调，回调幅度是之前涨幅的一半左右。启动之后股价缩量回调，验证突破有效，缩量代表着资金吸筹，后市上涨的可能性更大。
3. 回调之后，下跌动能释放完毕，出现止跌信号。回调过程中，当股价不再下探，出现经典的止跌K线，随后股价就会开始反弹。
4. 止跌信号之后出现放量阳线，涨幅只要达到3%就可以介入。主力控盘调整结束之后，通常以放量大阳线作为再次启动的信号。在前期调整过程中把跟风资金清洗掉，更有利于股价的上涨。

战 法 笔 记

战法3 天衣无缝战法

一、战法概述

1. 股价在启动前处于底部横盘震荡阶段，一字板或T字板突破震荡区间。
2. 一字板成交量需要萎缩，T字板成交量不能过大。
3. 次日成交量不宜过大。
4. 次日开盘高开2%～5%。

二、操作分解

1. 股价前期整理充分，主力建仓基本结束，某日出现一字涨停，股价突破底部区间。一字涨停必须出现在底部而非高位。

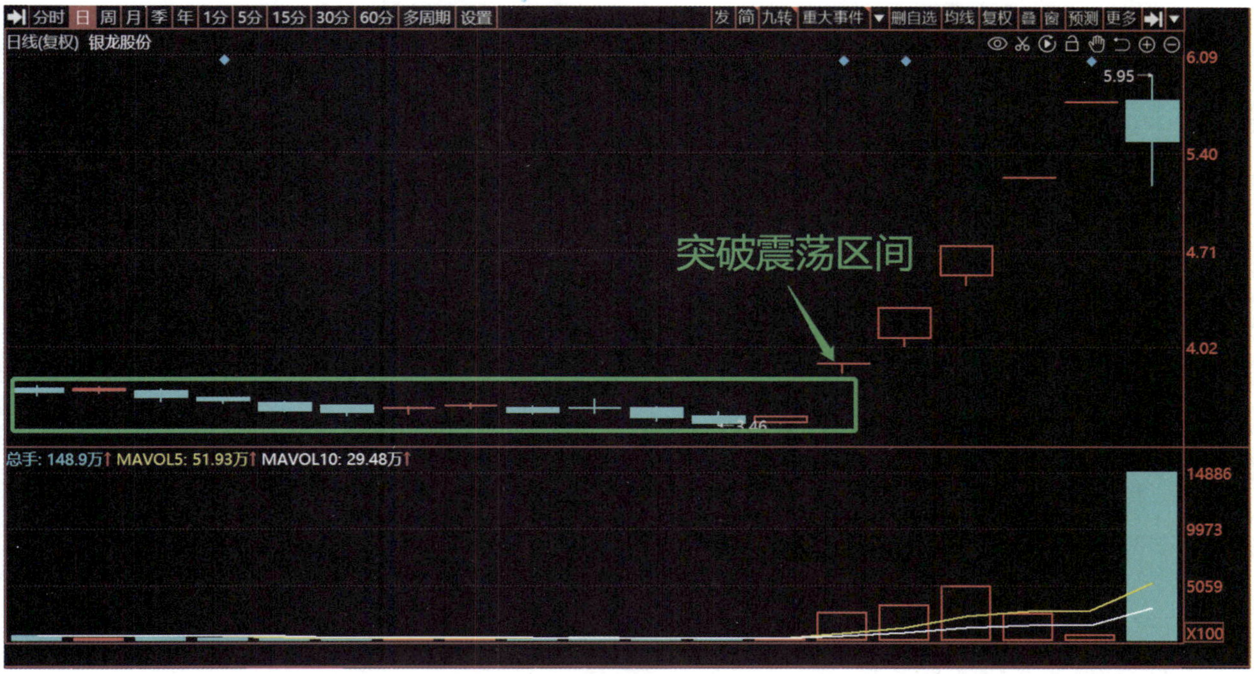

2. 当日是一字板的，成交量需要萎缩。如果盘中开板形成 T 字板，成交量可以略微放大，但是不能放出巨量（成交量大于前日3倍以上称为巨量）。量过大说明跟风盘较多，不利于股价上涨。
3. 次日成交量不宜过大，若成交量出现巨量，说明盘中筹码不稳定，市场有分歧。
4. 股价在低位直接出现一字涨停或T字涨停，形成底部反转形态，次日开盘高开2%～5%最为理想。

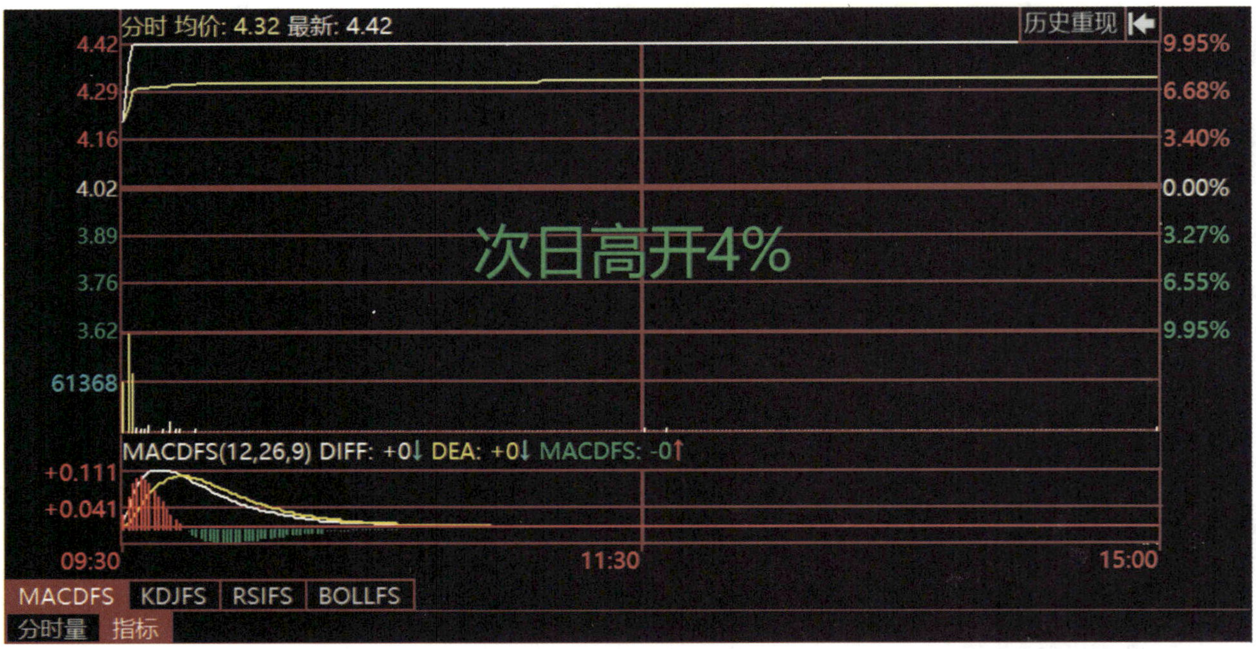
分时 均价: 4.32 最新: 4.42
历史重现
4.42
4.29
4.16
4.02
3.89
3.76
3.62
9.95%
6.68%
3.40%
0.00%
3.27%
6.55%
9.95%
次日高开4%
61368
MACDFS(12,26,9) DIFF: +0↓ DEA: +0↓ MACDFS: -0↑
+0.111
+0.041
09:30
11:30
15:00
MACDFS
KDJFS
RSIFS
BOLLFS
分时量
指标

战 法 笔 记

战法4 反包上影战法

一、战法概述

1. 倒锤线的实体比较短，上影线很长，下影线没有或者很短。
2. 倒锤线出现以后，次日或随后几日股价重新拉起，吞没了倒锤线的上影线。
3. 均线呈现多头排列。
4. 倒锤线出现在底部或者股价刚刚突破底部区间。

二、操作分解

1. 倒锤线的实体比较短，上影线很长，下影线没有或者很短。

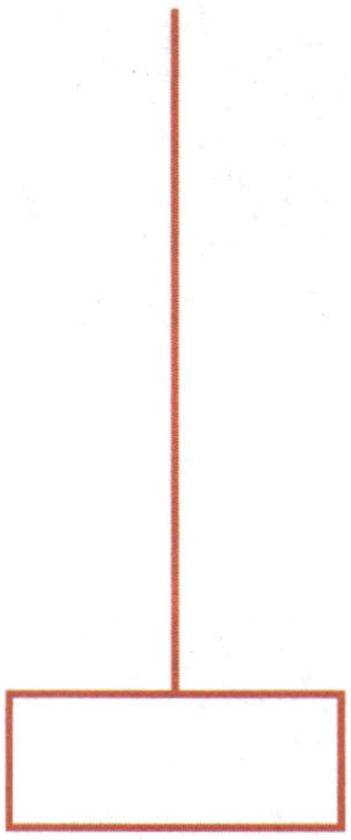

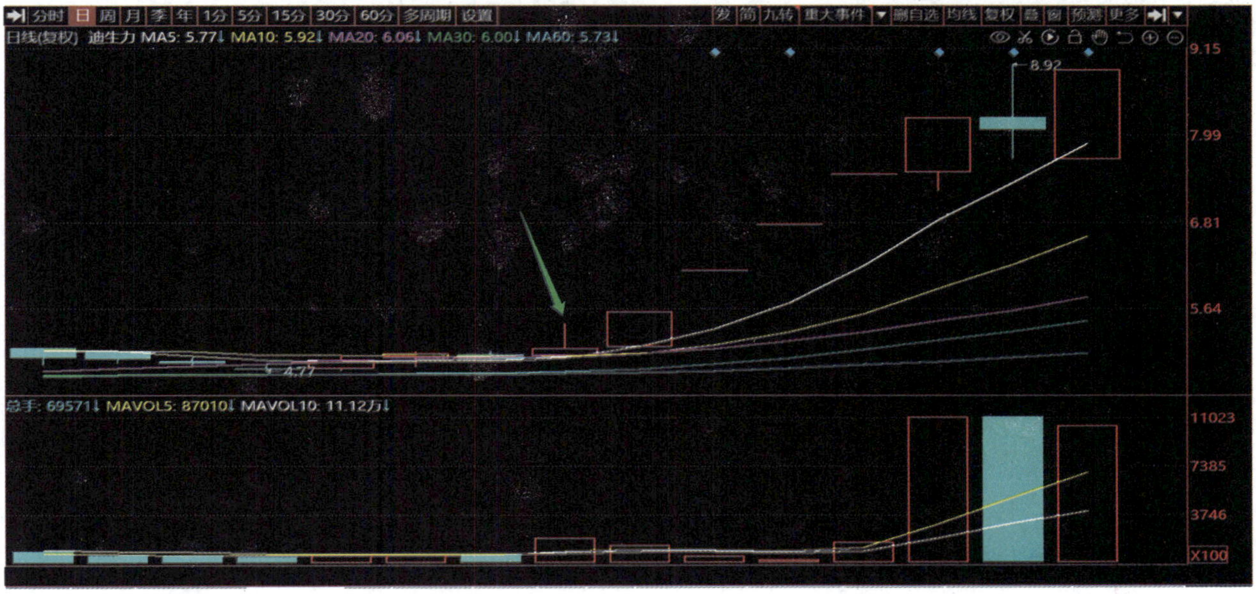

2. 倒锤线出现以后，次日或随后几日股价重新拉起，吞没了倒锤线的上影线。前期出现上影线代表市场有分歧，无法继续上涨；后期突破上影线，表明分歧化为一致上涨。

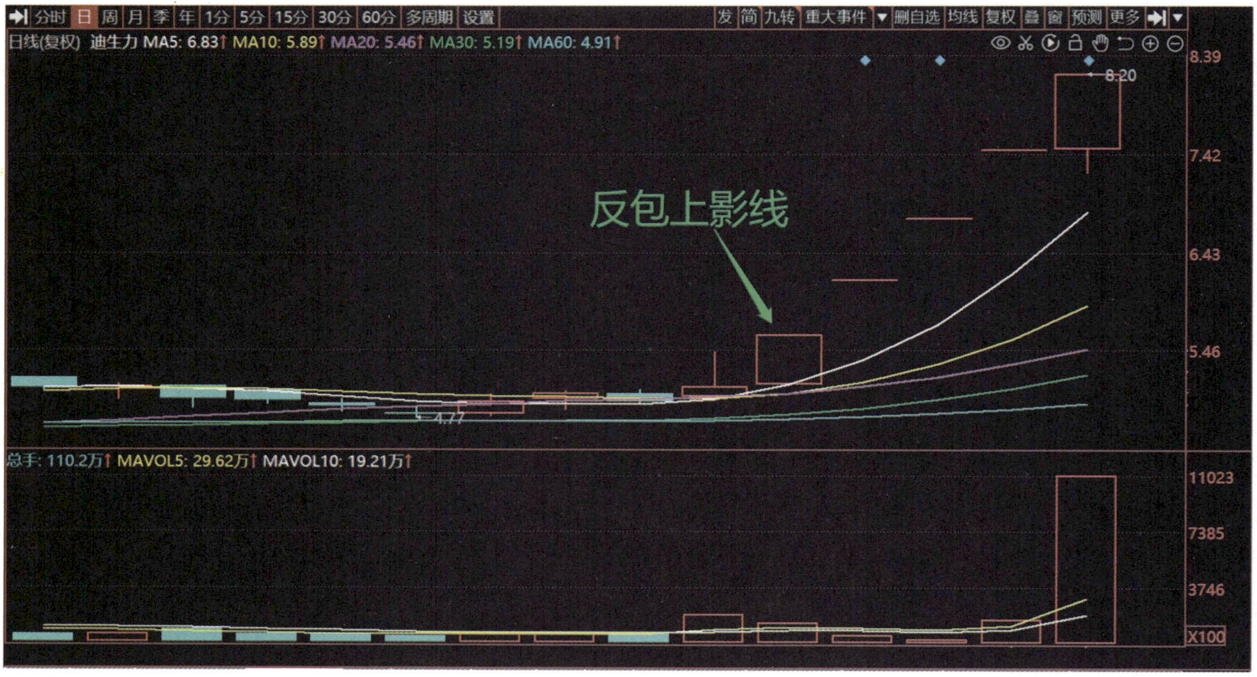

3. 均线呈现多头排列，拉升更为容易。

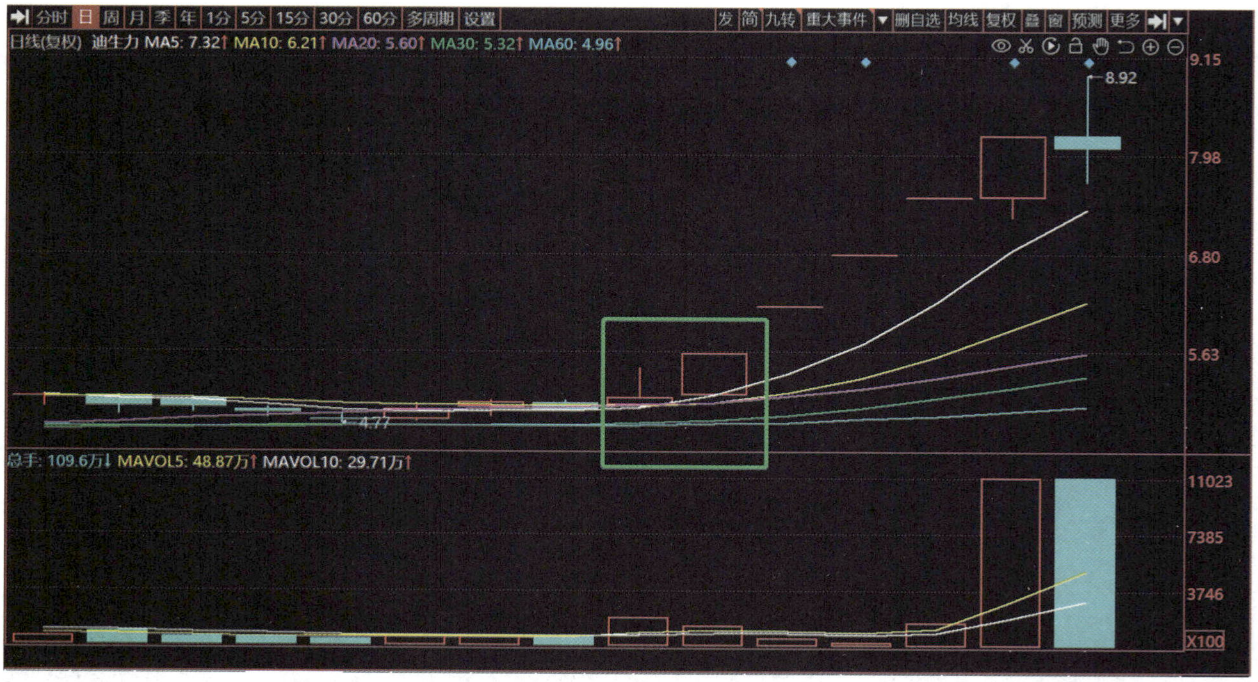

4. 主力吸筹时，往往会在底部形成横盘震荡区间，突破横盘震荡区间可视为股价启动的信号。

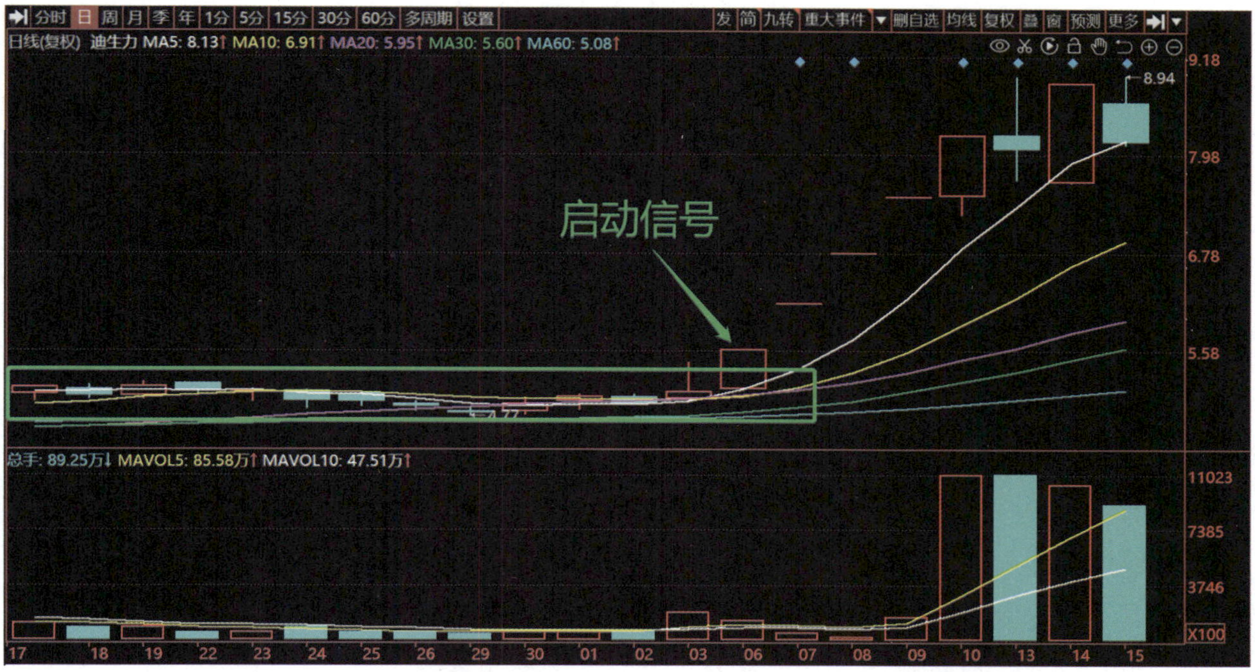

战 法 笔 记

战法5　双均线完整操盘体系

一、战法概述

1. 基本条件：5日均线上穿20日均线，加入自选。
2. 符合条件：次日收盘价要高于金叉当天K线收盘价。
3. 介入条件：满足上述两个要求之后，选择第三天介入。
4. 出局条件：短线盈利5%～10%或者股价跌破5日均线即可出局。

二、操作分解

1. 5日均线上穿20日均线，加入自选。

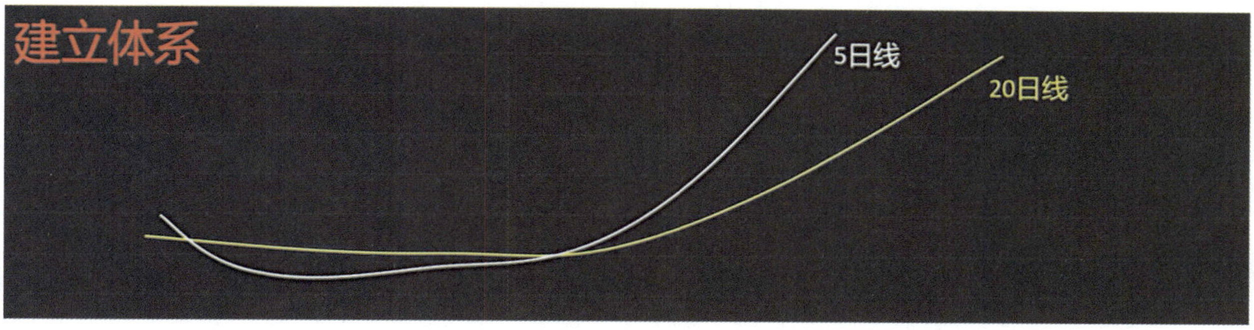

2. 次日收盘价要高于金叉当天K线收盘价。

3. 满足上述两个要求之后，选择第三天介入。
4. 短线盈利5%～10%或者股价跌破5日均线即可出局。

战法笔记

战法6 成交明细识别庄家暗语

一、战法概述

在瞬息万变的市场里，每只股票的涨跌，每笔单子的成交，其背后都是多空双方的心理博弈结果，特别是在主力高度控盘的股票中，会有很多暗语隐藏在成交明细里。无数散户迫切想探明主力意图，洗盘、出货、吸筹、对倒，却不知主力真正的意图已经全部体现在一连串的成交数字里。

二、常见暗语总结

111：主动卖盘盘面可能预示下跌，或还有更低的买点；主动买盘预示可能即将拉升。

222：代表的是某一机构，暗示单方面行动。

555：无论买盘还是卖盘，都预示着股价即将上涨，卖盘代表机构处于吸筹阶段，买盘代表有人愿意接盘。

666：如果出现在卖单，则可判断是主力要出货的一种暗示；出现在买单，是一种让各大机构留住股票的暗示。

777：表明主力要吃货，手中筹码不够，也是多家机构共同买股的信号。7777的信号更加强烈。

888：通常代表发财的意思，出现此数字，代表该股将进入拉升阶段。但是随着近期该数字的含义被市场所熟悉，现在的888多为发货的意思，即主力出货。

999：某一家机构的现金或筹码用光了，打出该数字，让另外一个合作机构接手的意思。9999的信号更加强烈。

168：如果出现在低位，是拉升的大前兆；如果出现在高位，是放出的烟幕弹。

248：碰上的都是恶人。

5858：代表主力很可能将此股做成长线牛股，走出慢牛的可能性比较高。

6868：在高位出现是不好的征兆。

123、456、789：类似这种三个连续数字，一般都是个股需要启动的暗示。

3个以上1重叠：可能是压盘或洗盘信号，请关系仓协助压盘或保持股价。

3个以上3或9：表示拉升或出货倒计时。

3个8或间隔0，如808：代表跌停。在卖二或卖三、卖四挂重叠单，即请关系仓协助拉抬或护盘。

158：代表主力正处于建仓初期或者建仓中期。

战法笔记

战法7　蛟龙出海涨停战法

一、战法概述

1. 盘面出现下跌趋势或者处于盘整阶段的后期。
2. 涨停前成交量出现地量结构，股价出现实体很小的整理K线。
3. 出现涨停前，5日、10日、30日均线出现黏合或金叉，之后一根大阳线向上穿过3条均线。
4. 收盘价站于这3条均线的上方。
5. 均线系统上行或即将上行，或者平走。

二、操作分解

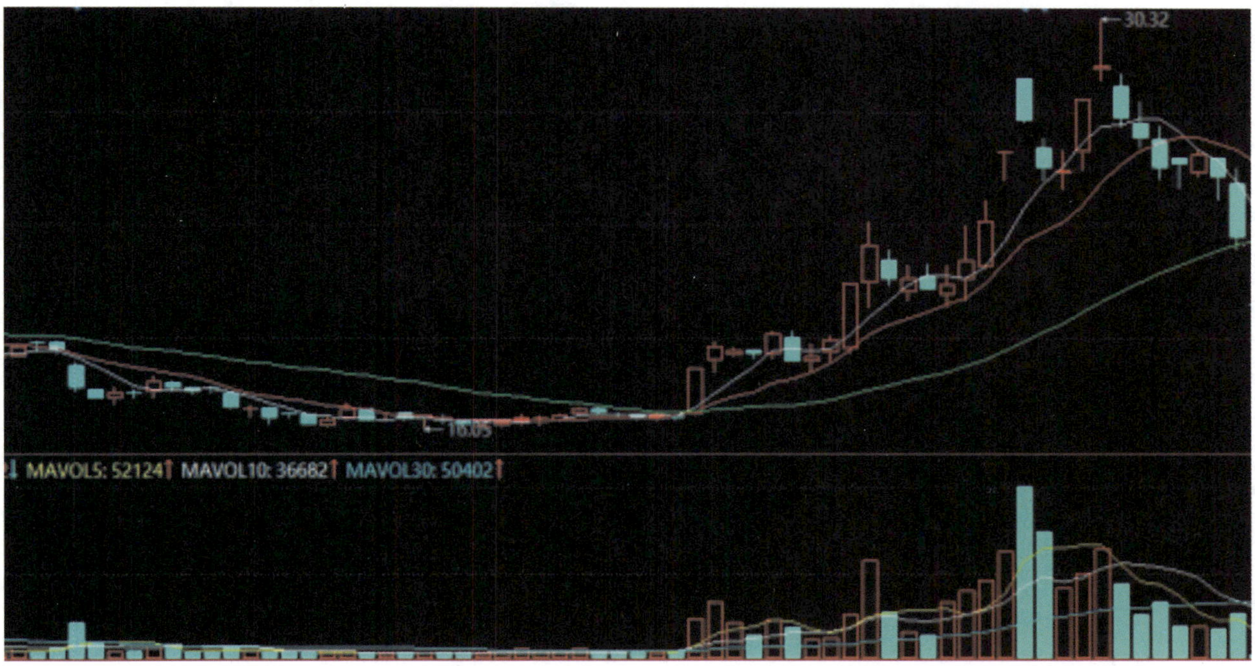

上图为金辰股份的K线走势图。该股庄家在长时间的底部震荡过程中成功地吸纳了大量的低位筹码，2019年12月13日，股价突然拔地而起，收出一根放量涨停大阳线，股价向上突破底部盘整区间。从盘面可以发现，这根大阳线出现在底部盘整阶段后期，向上有效突破压力，这就是蛟龙出海形态。此后该股放量上涨，不断突破创出新高。

操作指导：

【i问财】搜索：突破5日均线；突破10日均线；突破30日均线；涨停；概念。

实盘中，蛟龙出海形态必须出现在底部区域，股价已经明显企稳，并有渐渐走强之势，或出现在洗盘整理结束阶段，叠加近期热点会更好。高位出现该形态时，谨防主力诱多出货。

战 法 笔 记

战法8 一字形态涨停战法

一、战法概述

一字涨停是一种强烈的持续或转势信号，后市股价继续上涨的可能性很大，但也会出现许多变数。

市场机理：主要有两方面因素，一是消息作用，二是主力行为。

一字涨停主要分为：

（1）低价区域一字涨停。

（2）上涨途中一字涨停。

（3）高价区域一字涨停。

该战法主要以低价区域一字涨停为主，若股价经过长期下跌之后，在低位区域经过充分的蓄势调整，说明股价可能止跌回升或出现反转行情，是强烈的见底信号；如果出现在上涨初期，表明市场急于拉高，上涨力度非常强，后市有持续走高的动力。

二、操作分解

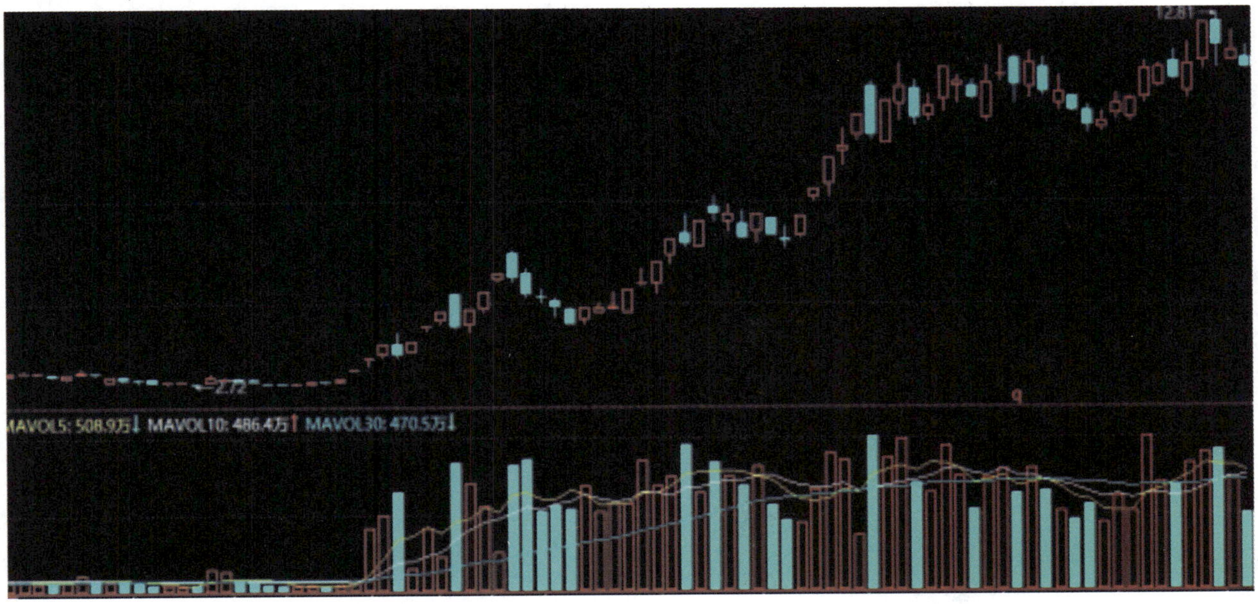

省广集团股价经过长期下跌后，进入蓄势整理走势。经过一段时间的横盘震荡整理后，2020年4月8日突然以涨停价开盘，且股价全天封于涨停价位，当天收出一字涨停。之后股价进入强势上涨行情。

操作指导：

【i问财】搜索：一字板；主力高度控盘；概念。

序号	股票代码	股票简称	现价(元)	涨跌幅(%)	主力控盘比例(%) 2022.11.21	所属概念
1	600222	太龙药业	8.75	10.06	74.78	【禽流感】；【生物医药】；【融资融券】；【转... 【月线
2	002072	凯瑞德	8.98	10.05	61.69	【壳资源】；【煤炭概念】；【摘帽】 【cr金

通过【i问财】搜索之后，筛选出处于低价区域的一字板个股，再找出最近热门题材相关的股票，后面上涨概率更高。

战 法 笔 记

战法9 飞雁开路战法

一、战法概述

1. 收出涨停大阳线，均线呈现多头排列。
2. 整理期间，K线虽有起伏，但股价收盘时涨幅或跌幅不大（±3%之间）。
3. 在整理期间，成交量明显萎缩。
4. 股价再次涨停或大阳线突破调整区间时，成交量相对放大。

二：操作分解

1. 收出涨停大阳线，股价呈现多头排列，说明当前走势以多头为主，上涨阻力较弱，有利于股价上涨。

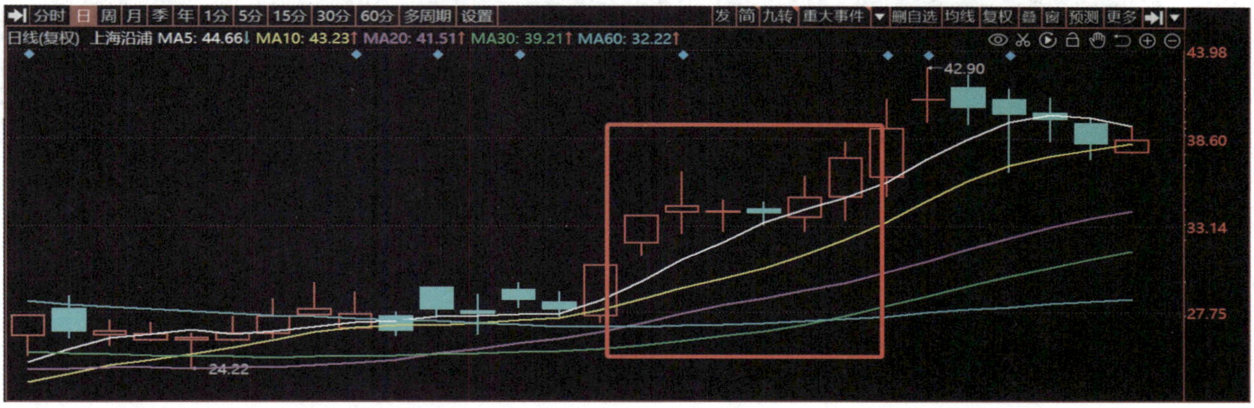

2. 整理期间股价波动较小，没有明显的跌破，说明主力在此清洗跟风的浮筹，将个股的抛压降到最低。
3. 整理期间成交量出现明显的萎缩。若是成交量较大，代表分歧比较严重，未来上涨的可能性会降低。

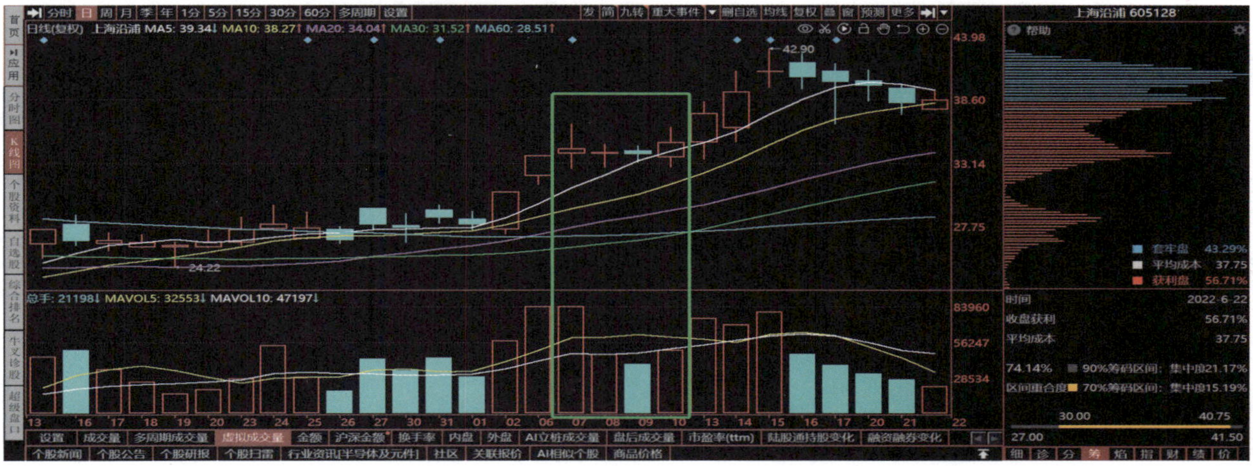

4. 当主力洗盘完成时，通常会以放量大阳线作为启动信号。大阳线需要突破震荡区间，涨幅在5%以上。

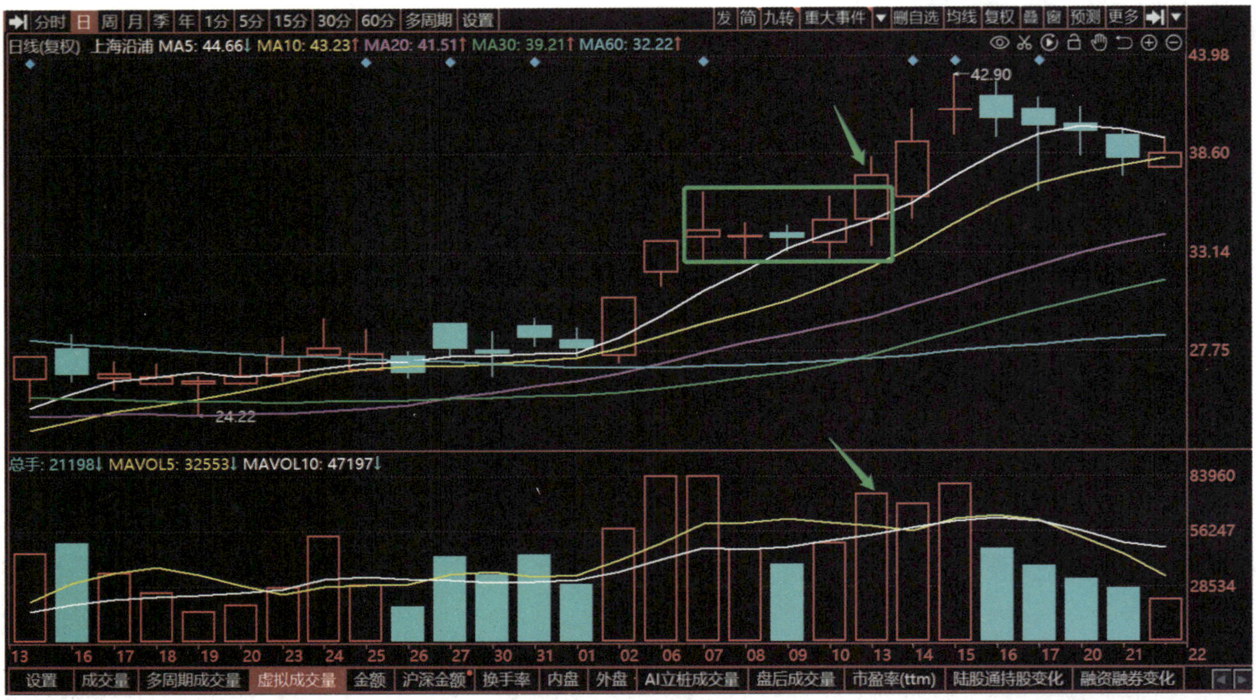

战 法 笔 记

战法10 竞价涨停选股器

一、战法概述

早盘时间 9:25—9:30 是集合竞价向连续竞价转换的过渡阶段。集合竞价阶段强势股轮番表演，集合竞价结束后，要抓住这个5分钟时间段，选出最具涨停基因的股票，这是小资金快速获利的最佳途径。

选股条件：

1. 涨幅3%～5%。
2. 量比在5以上。
3. 流通股10亿股以下。
4. 外盘大于内盘。

二、操作分析

1. 涨幅3%～5%。

个股涨幅低于3%，性价比较低，说明当天多方竞价资金力量较弱；涨幅高于5%，风险收益比不高，有5个点的涨幅空间和15个点的跌幅空间。

2. 量比在5以上。

说明竞价期间的成交量比过去的成交量放大了5倍之多，表明此时有大资金流入。

3. 流通股10亿股以下。

股票的盘子太大，非常难以拉动。如果想捉到妖股，就不要选择市值太大的股票，毕竟船大难掉头。

4. 外盘大于内盘。

外盘代表主动涨价买入，内盘代表主动降价卖出。外盘大于内盘，说明买气旺盛，股票价格趋势向上，拉升力量明显。

二、操作分解

【i问财】搜索：涨幅3%～5%；量比在5以下；流通股10亿股以下；外盘大于内盘。

把选出的股票加到自选，根据题材、形态优中选优，找出最具涨停基因的股票分仓买入。

战 法 笔 记

战法11 龙回头战法

一、战法概述

龙头股在完成几个超短期上涨阶段之后，高位遇阻后回调，然后出现向上反抽的一个动作形态。

1. 在重要位置获得支撑后，股价再次强势回升。
2. 不是一波独立行情，仅是一个向上反抽动作。

二、操作分解

1. 重要支撑位包括股价接近顶点前的波动位、前期缺口附近、均线附近。

（1）股价接近顶点前的波动位：在股价见顶之前，会出现成交量突然放大的现象，成交量放大说明在这个位置有大量换手，在这个位置容易获得支撑，反抽形成龙回头走势。

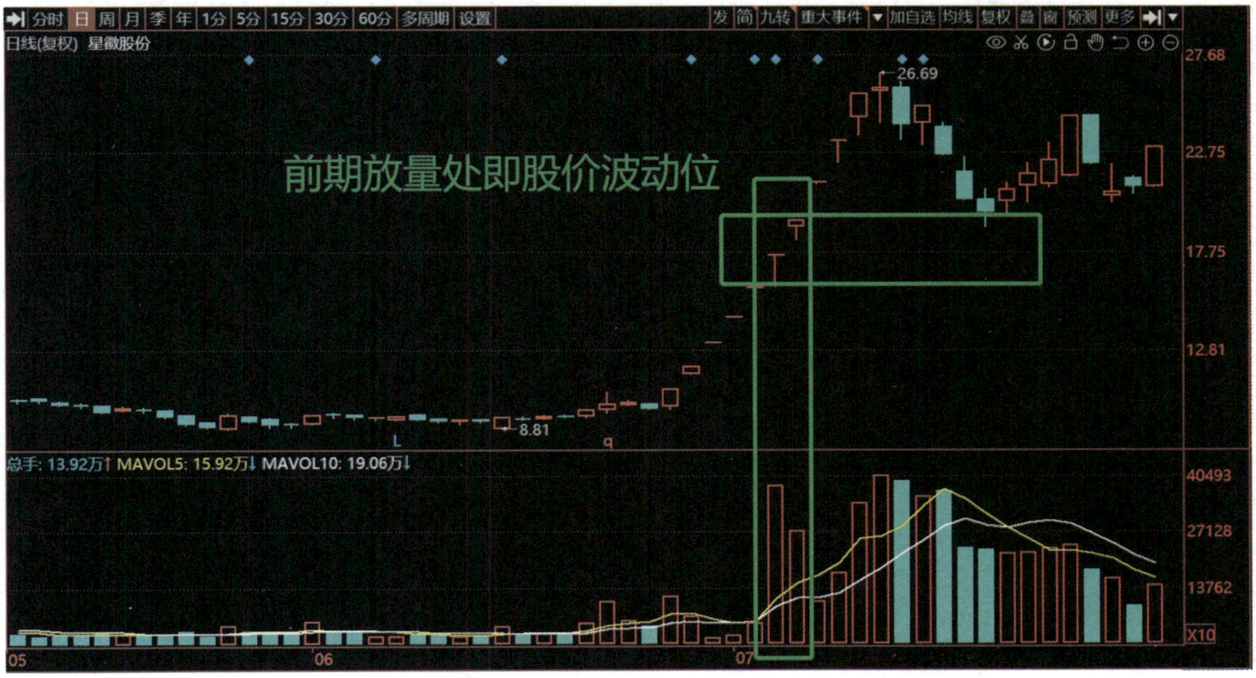

（2）前期缺口附近：上涨途中跳空高开加速上涨形成缺口，说明在这个位置有资金抢筹，所以会有很强的支撑。

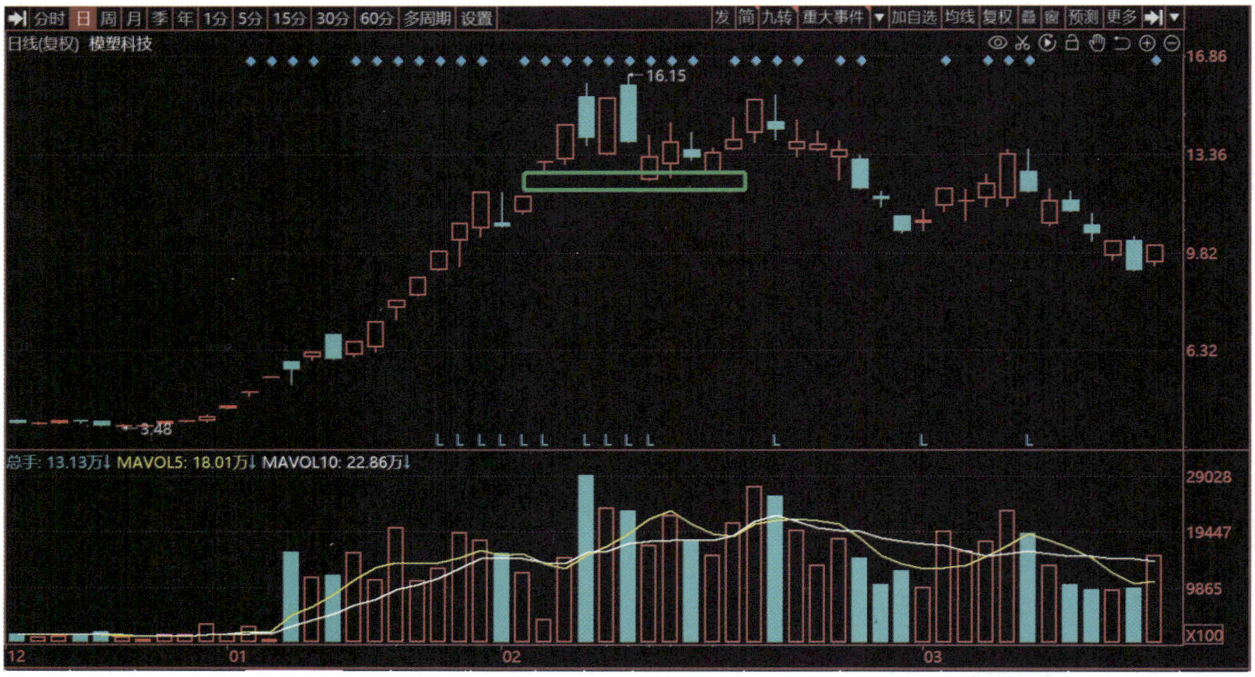

（3）均线附近：股价运行到顶点后回落到均线附近，收出缩量小阴线或小阳线且伴随着下影线，说明在均线附近获得支撑，后续大概率会走出龙回头走势。

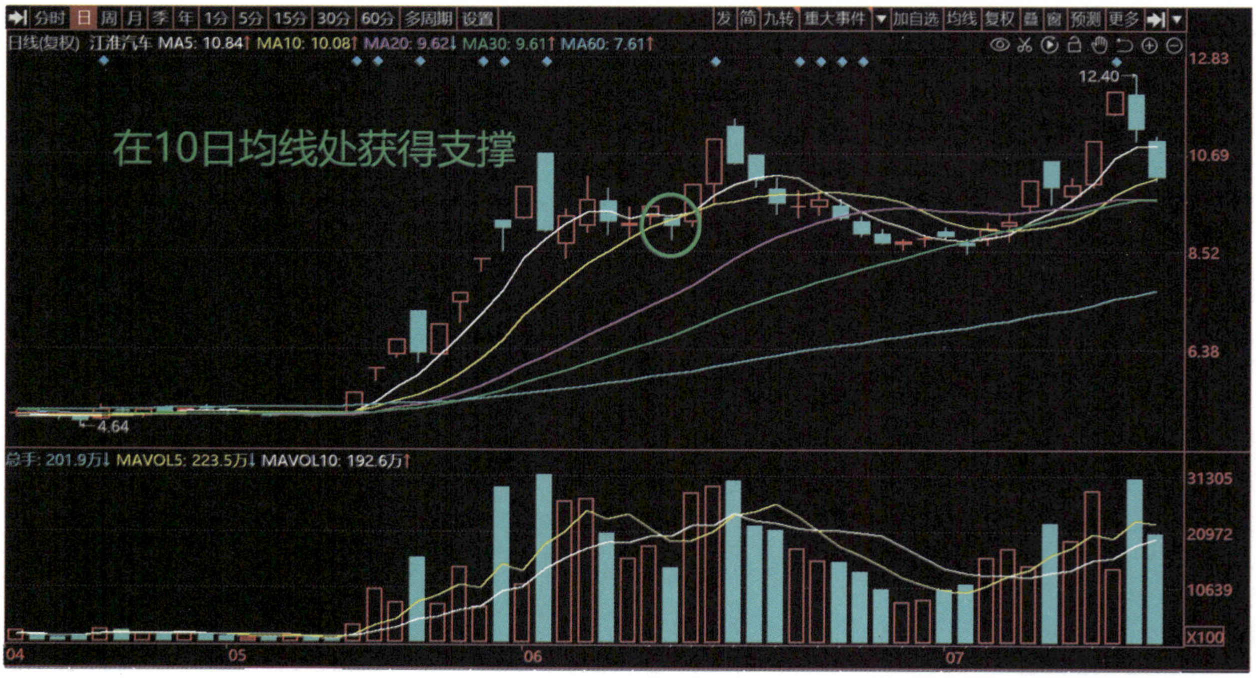

2. 不是一波独立行情，仅是一个向上反抽动作。时刻记住获得支撑后的上涨预期不要过高，要及时止盈，千万不可对后面的走势抱有太大期望。

战法12 CCI月线翻倍战法

一、战法概述

1. 选择周期为月线级别。
2. CCI指标线要自下而上从-100穿过+100。
3. CCI指标线上穿+100之后，有两次 0 轴以上的筑底。
4. 在第二个底部形成之时，切换到日线，日线突破5日均线为最好的介入时机。

二、操作分解

1. 【i问财】搜索：CCI月线上穿+100；净利润大于0；突破颈线。

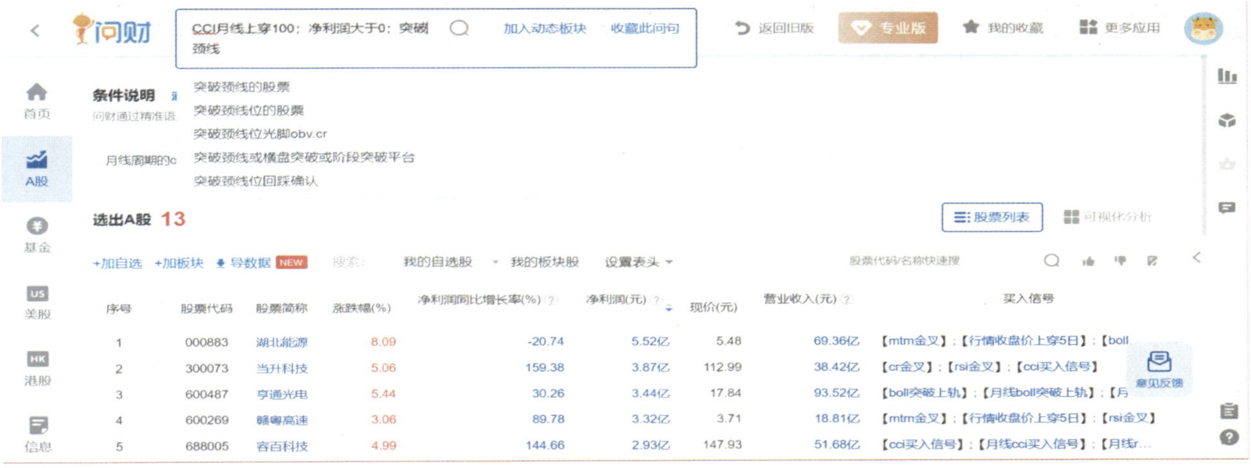

2. CCI指标线要自下而上从-100穿过+100，CCI指标线上穿+100之后，有两次0轴以上的筑底。

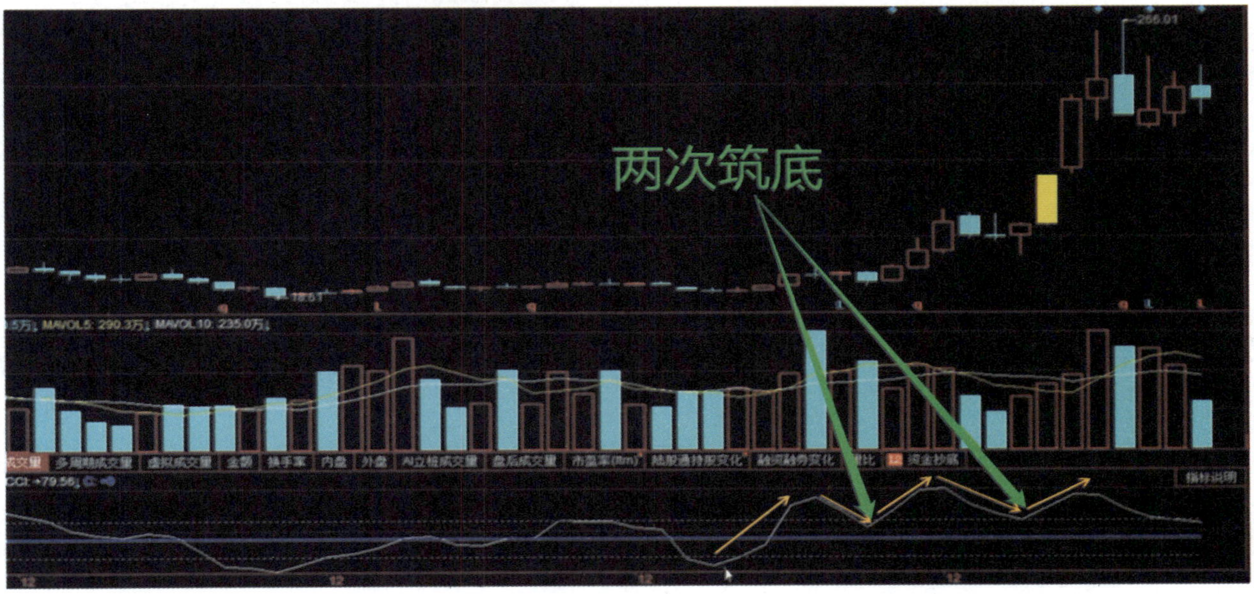

3. 在第二个底部形成之时，切换到日线，日线突破5日均线为最好的介入时机。

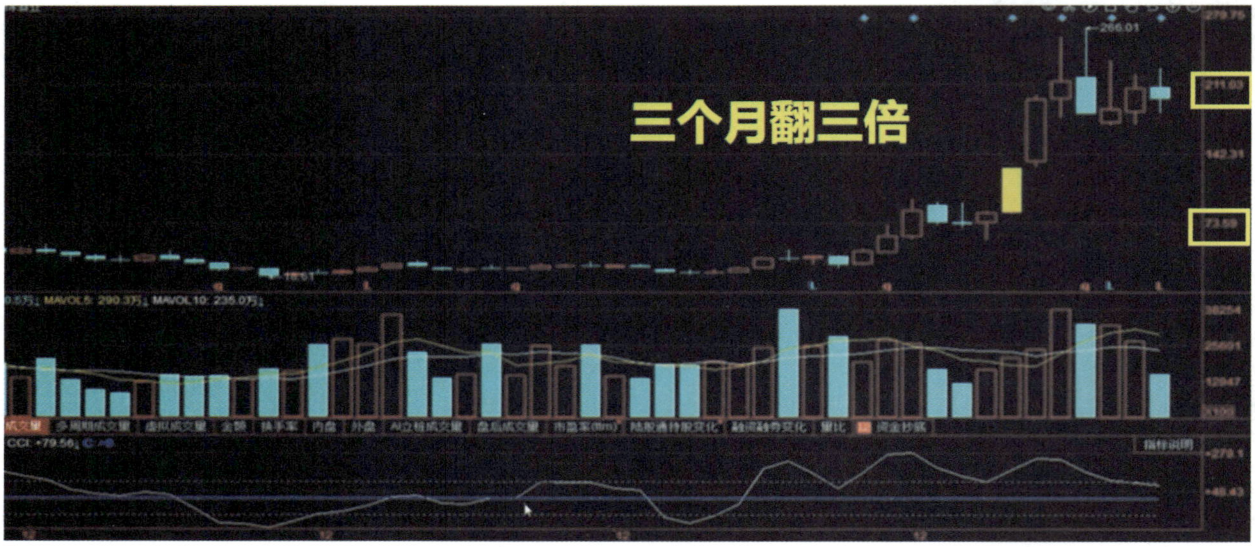

战 法 笔 记

战法13 主力521战法

一、战法概述

1. 5日均线上穿21日均线形成金叉。
2. 均线形成金叉第二天K线收阳。
3. 阳线幅度大于5%。
4. 金叉当天成交量放量且为倍量。

二、操作分解

1. 【i问财】搜索：5日均线上穿21日均线；收阳；涨幅大于5%；成交量倍量。

问财 5日均线上穿21日均线；收阳；涨幅大 加入动态板块 收藏此问句 返回旧版 专业版 我的收藏 更多应用

条件说明 添加条件

问财通过精准语义解析和关键词匹配，将您的问句解析为如下条件。

5日的均线上穿21日的均线(123个) 阳线(4065个) 涨跌幅>5%(628个) 成交量增长率>=100%(238个)

选出A股 14

序号	股票代码	股票简称	现价(元)	涨跌幅:前复权(%)	成交量环比增长率(%)	买入信号	开盘价:前复权(元)
1	603797	联泰环保	6.46	10.05	508.5359	【cci买入信号】；【macd金叉】；【boll突破上轨】	5.87
2	002296	辉煌科技	7.30	9.94	314.4012	【mtm金叉】；【行情收盘价上穿5日】；【skdj金叉】	[illegible]
3	603126	中材节能	7.39	5.72	265.9121	【行情收盘价上穿5日】；【skdj金叉】；【boll突…	[illegible]
4	300140	中环装备	7.55	8.01	247.9527	【cr金叉】；【macd金叉】；【boll突破上轨】	7.03
5	300176	派生科技	6.00	10.91	236.6244	【roc买入信号】；【cci买入信号】；【macd金叉】	5.45

2. 第一入场点为满足条件的金叉（5日均线上穿21日均线形成金叉，金叉当天成交量放量且为倍量）。

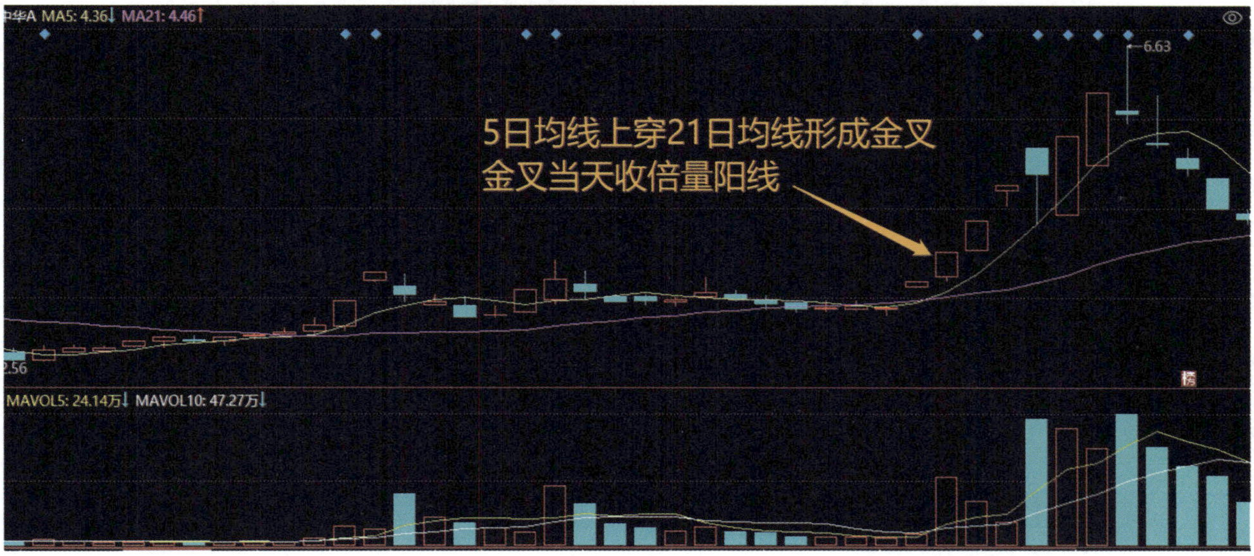

3. 第二入场点：回调至5日均线后放量上涨。

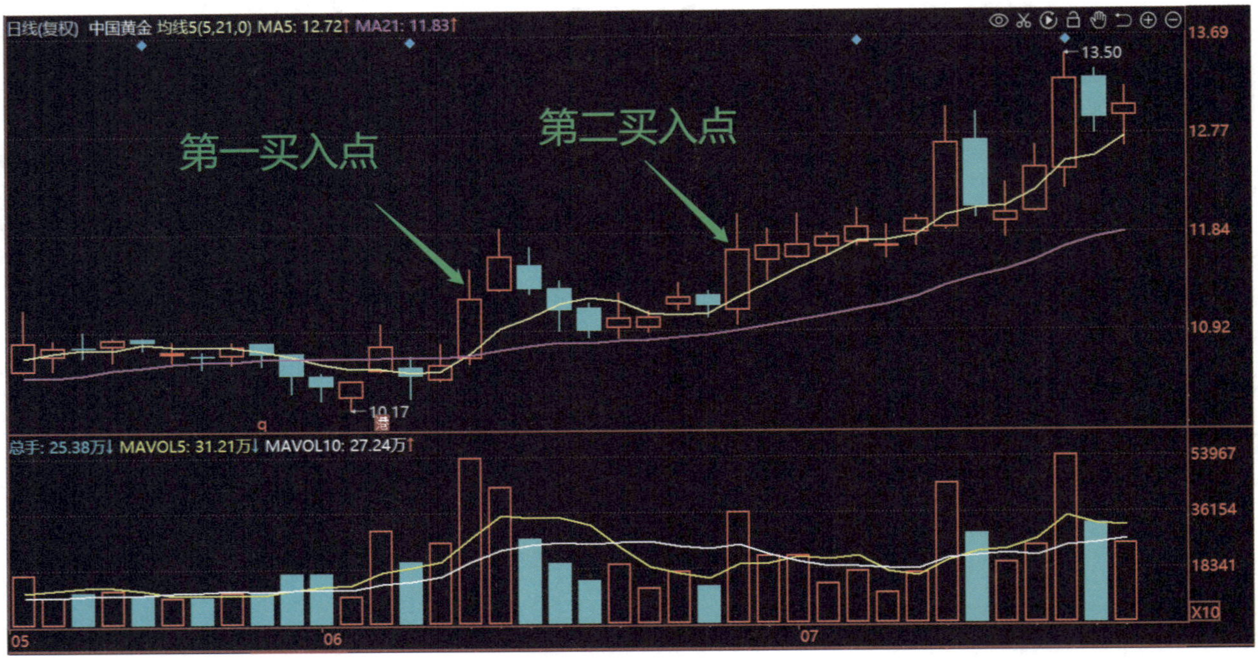

4. 第一卖出点：高开放量收巨阴；第二卖出点：获利20%以上。

战 法 笔 记

战法14　换手捉妖

一、换手板的本质

本节详细阐述换手板的深层逻辑，这也是龙头妖股能够走出来的核心秘籍。

换手板的本质是：资金接力、分歧转一致、筹码交换。

思考：为什么没有换手就难有高度？

答案：资金接力的过程中也完成了筹码的交换。

九安医疗2021年11月15日之前筹码分布如图所示。

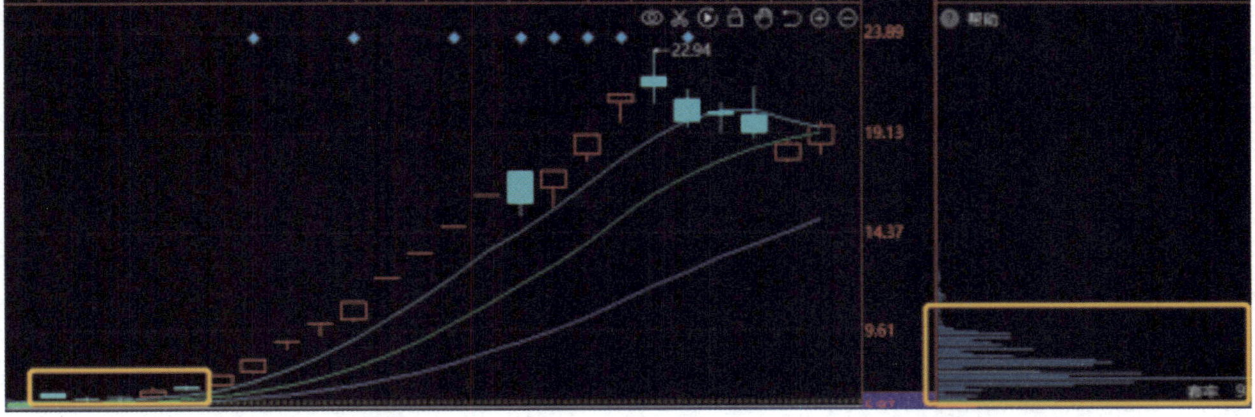

九安医疗2021年11月25日筹码分布如图所示。

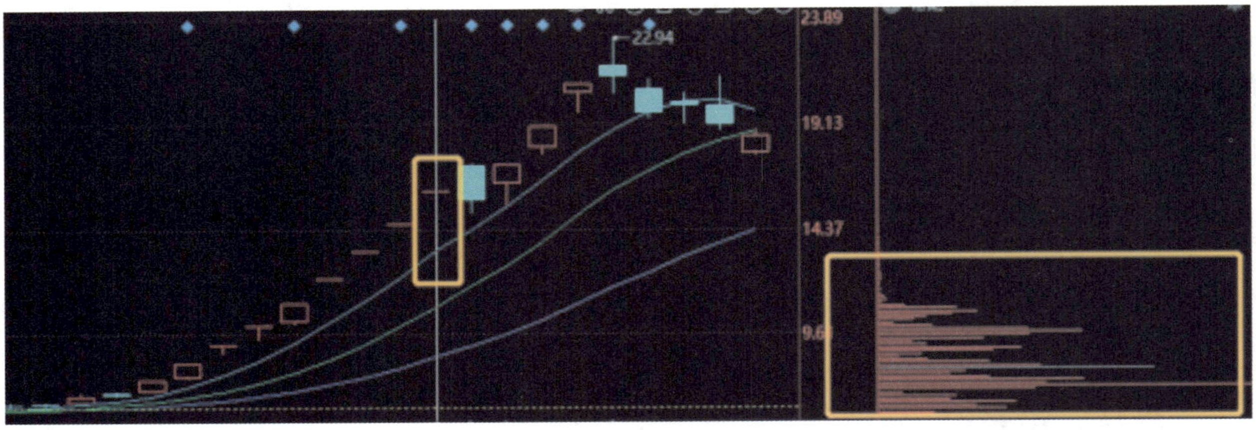

九安医疗2021年12月1日筹码分布如图所示。

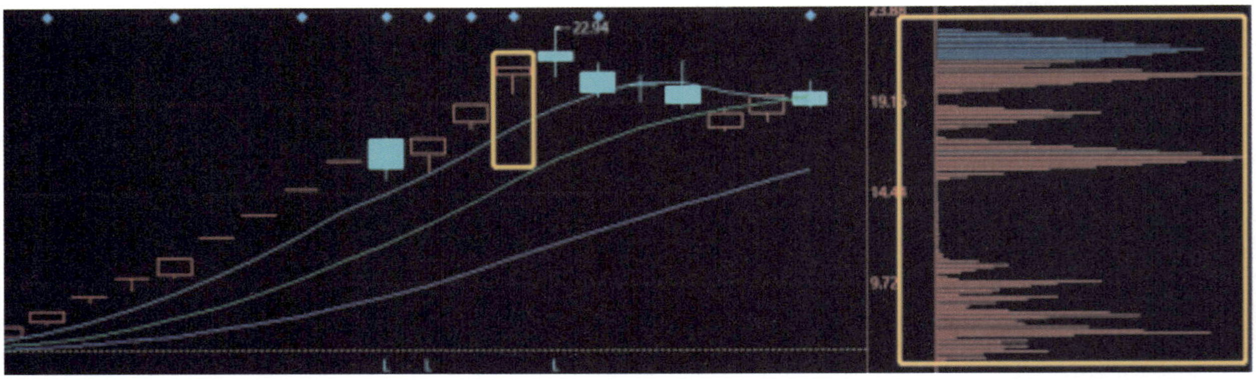

九安医疗2021年12月10日筹码分布如图所示。

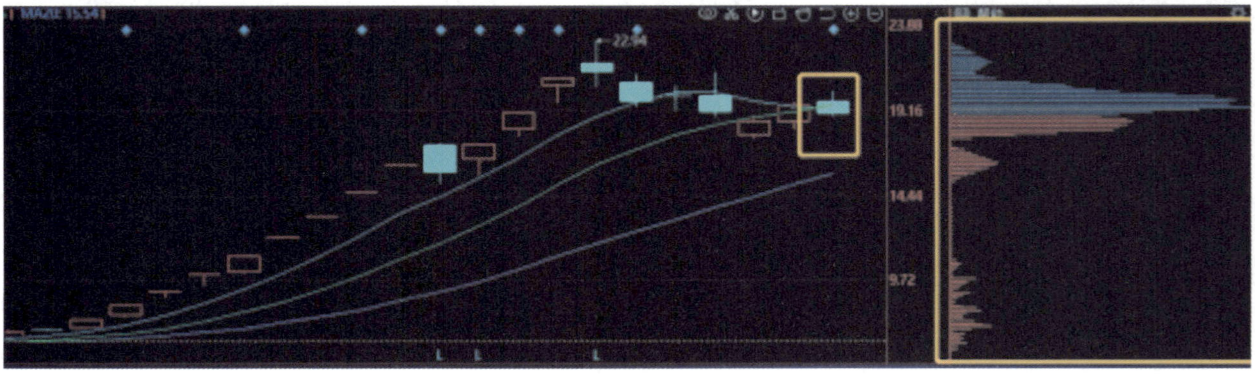

这就是九安医疗整体筹码交换过程，如图所示。

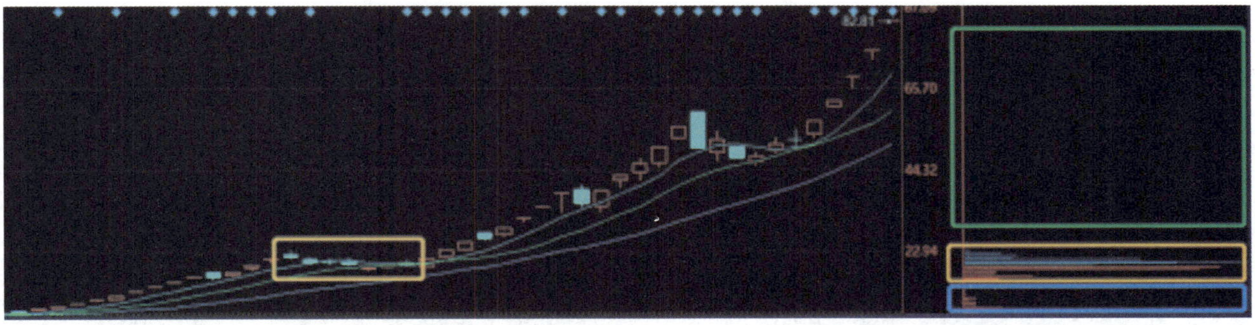

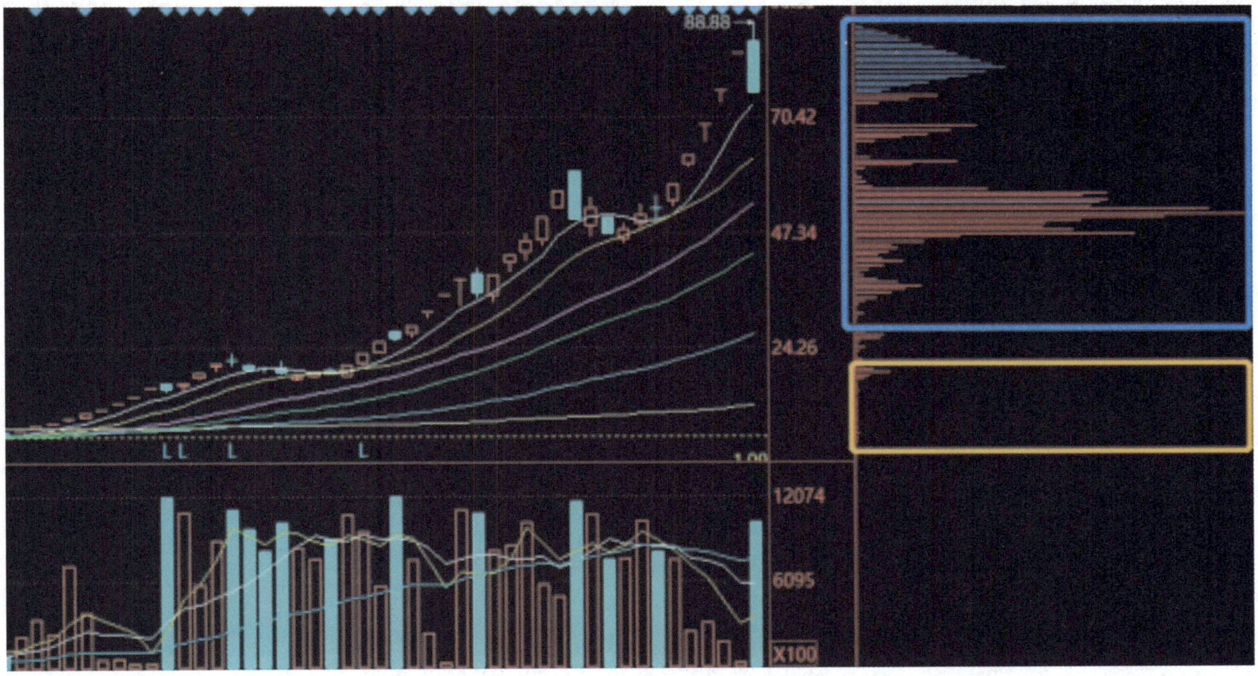

结论：缩量板的筹码都在下方，整体持仓成本没有提高，先入手的筹码可以随时卖出。只有通过不断换手，让外部增量资金进场，才能将市场整体持仓成本提高，向上空间也会越大。

二、加速换手板

1. 加速板接力。

1）市场核心个股，连板数量大于2。

2）接力原则为前一日放量。

3）连续缩量的个股，原则上以观察为主。

4）加速板接力的K线量能规律为：
放量—缩量—放量—缩量。

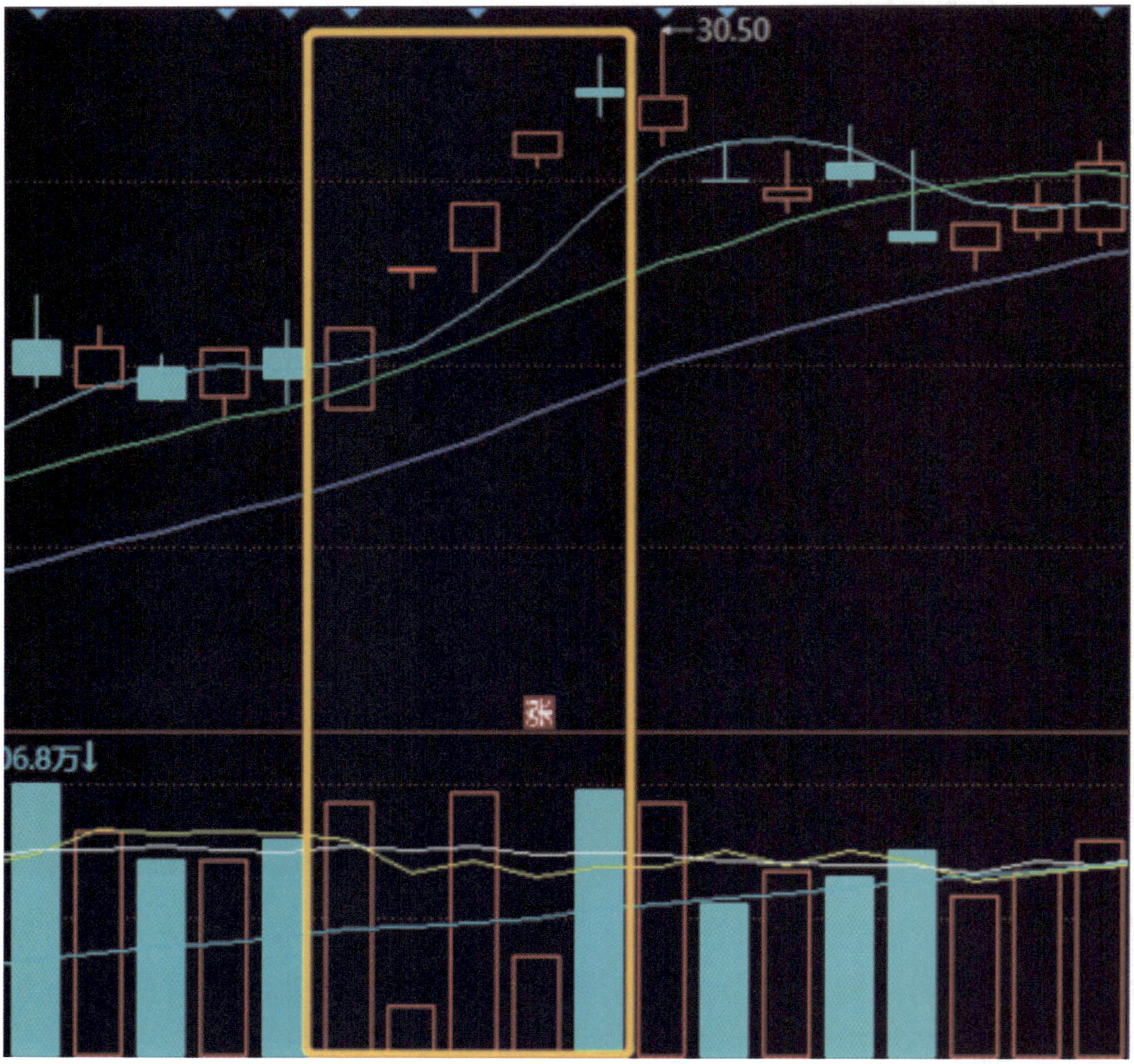

2022年1月28日翠微股份放量涨停，而后走出放量—缩量模式的四连板。

2. 反包加速板。

前一日放量分歧冲高回落，场内博弈筹码充分换手，不存在巨大获利盘。隔日由于利好刺激，一致性变强，盘面表现为跳空高开，快速拉涨停。

示例：南兴股份2月18日放量分歧，冲高回落，次日跳空高开快速拉涨停。

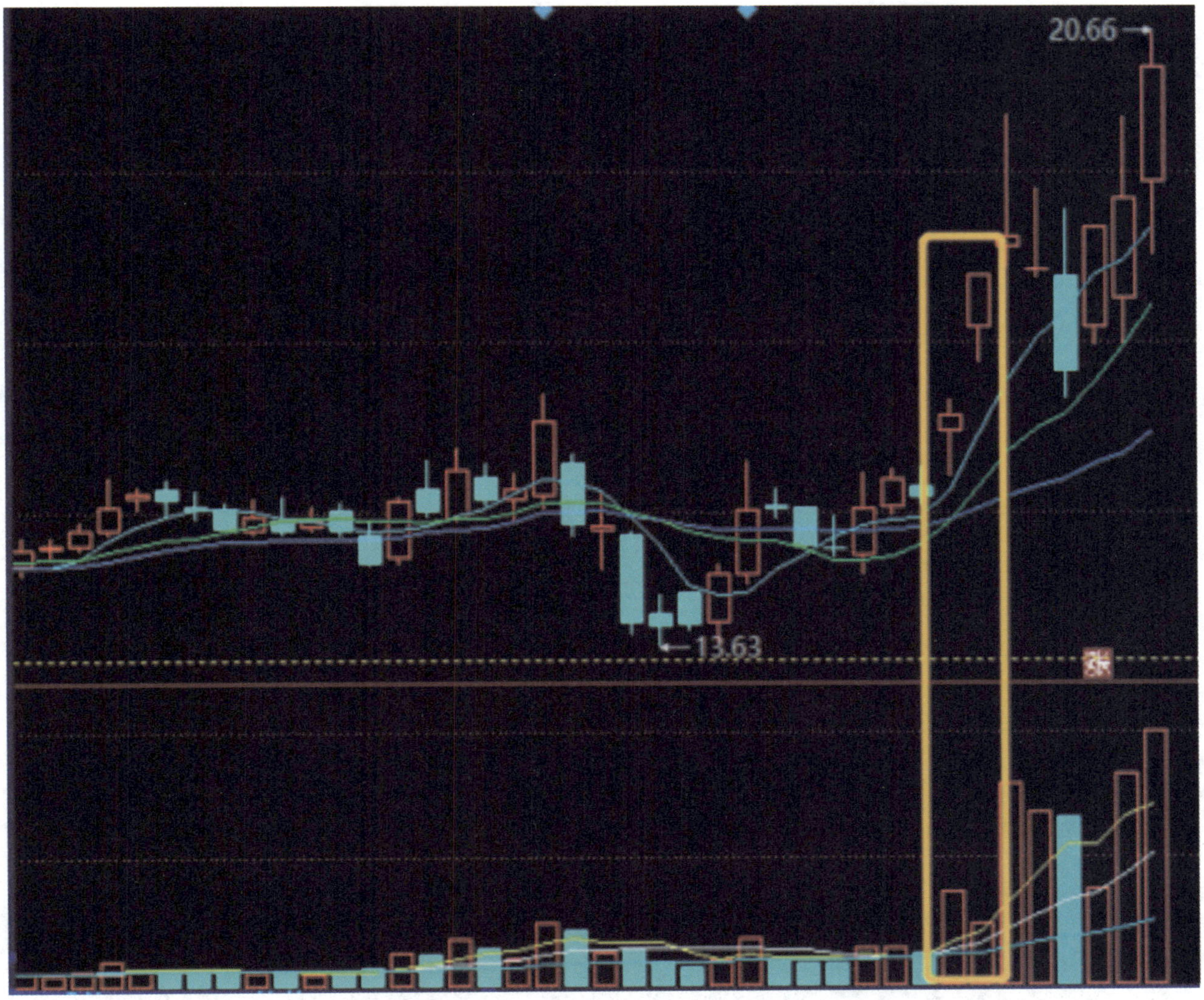

三、换手板的形式

换手板有日线换手和分时换手两种形式。

1. 日线换手。

涨停板没有连续下去，在日K线上出现断板。经过短期的洗盘换手之后，股价重新走强，再次涨停，开启新的上涨行情。

1）单日K线换手。

股价连续出现涨停板，某天开板后收出放量震荡K线，次日再次拉出涨停（平量或缩量），说明有新的资金进场接手筹码，形成弱转强的买点。

示例：顺博合金2021年3月10日首板，3月15日断板换手，如图所示。

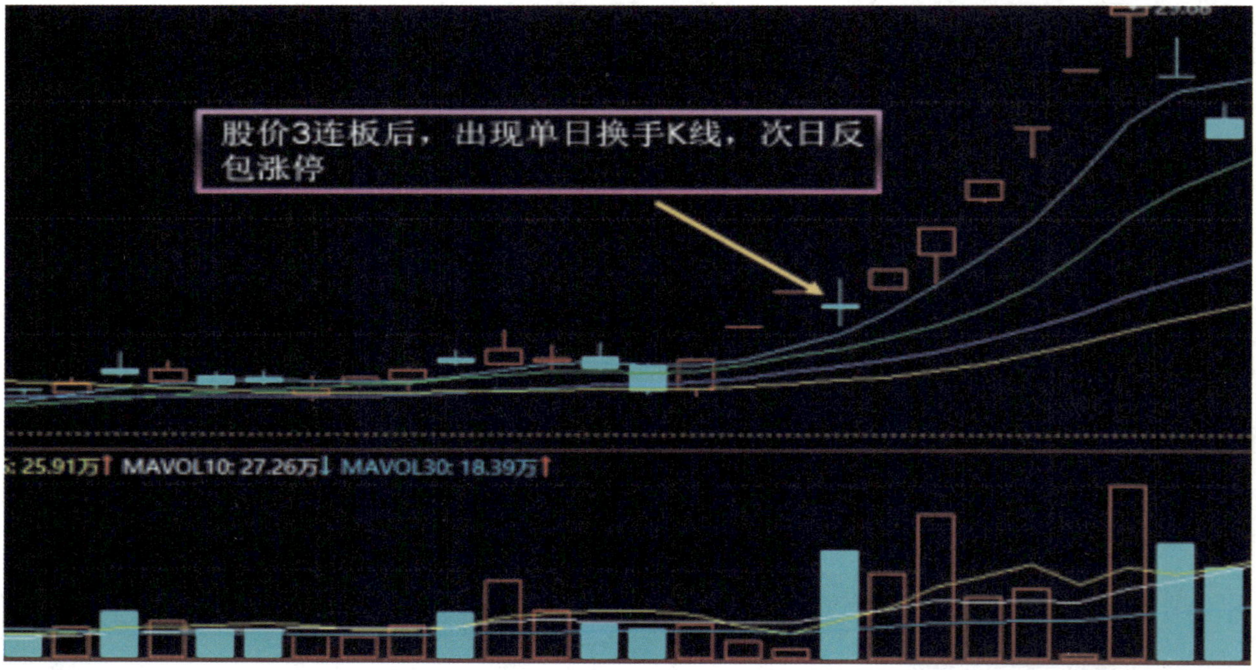

下图为顺博合金2021年3月15日分时走势图。

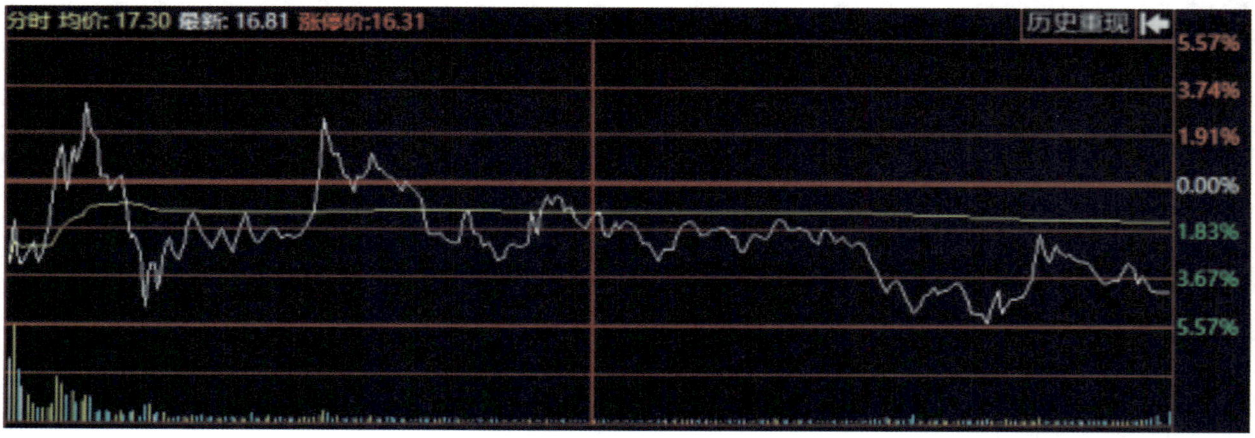

青青稞酒2020年11月13日涨停断板，出现日线换手，如图所示。

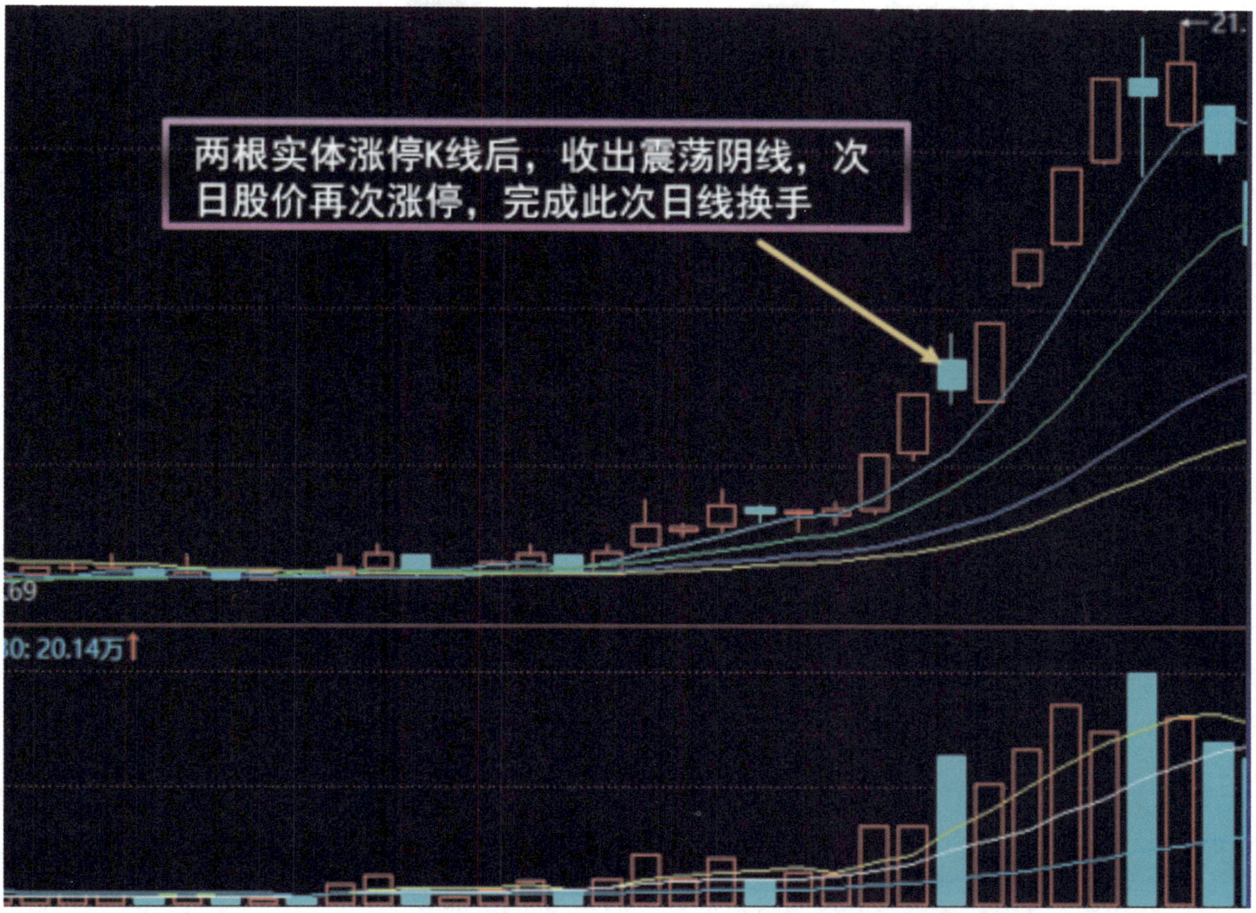

下图为青青稞酒2020年11月13日震荡整理分时图。

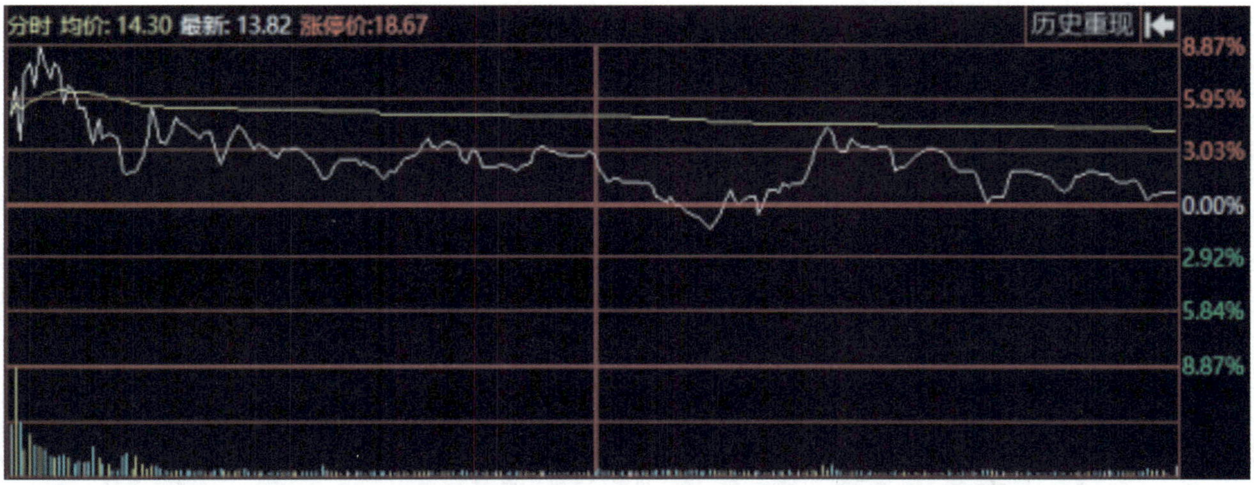

2）多日K线换手。

股价经过首轮拉升之后，进行洗盘换手，构成一个整理区域，换手成功后股价再次向上突破。区域换手时间以10个交易日以内为佳，最长不要超过20个交易日。

包钢股份2021年2月24日震荡整理，后两个交易日继续震荡换手，如图所示。

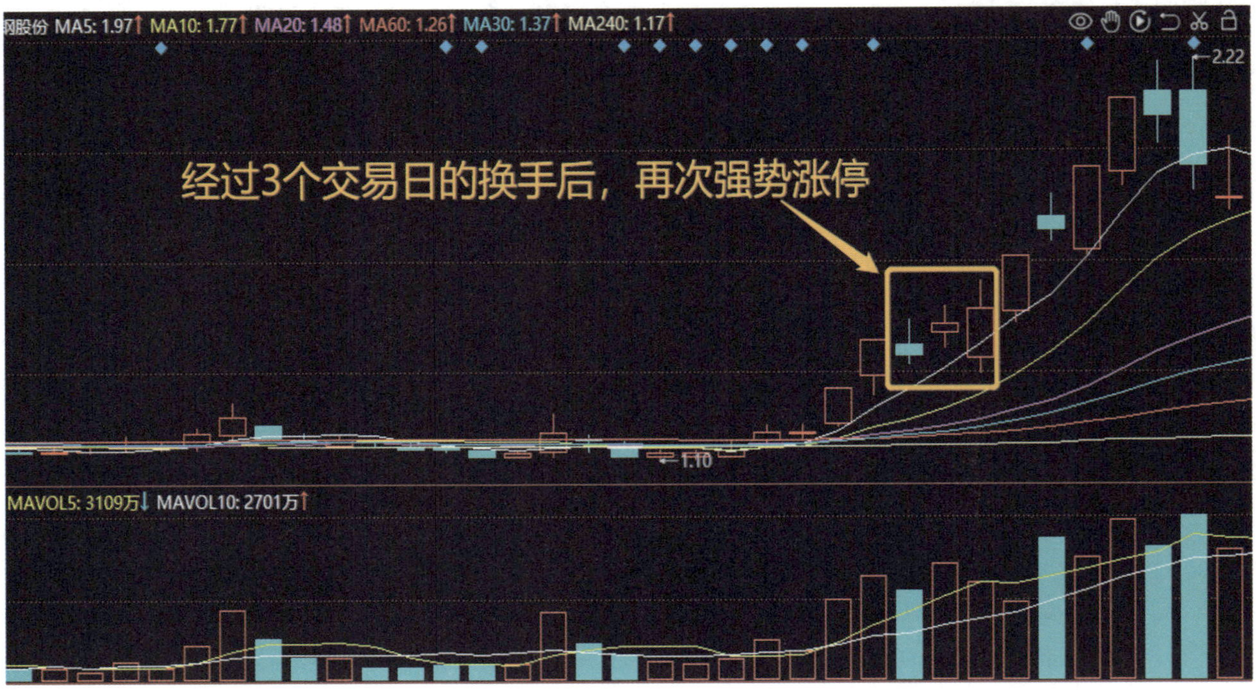

京城股份2021年11月24日断板震荡换手5个交易日，之后开启第二波上涨行情，如图所示。

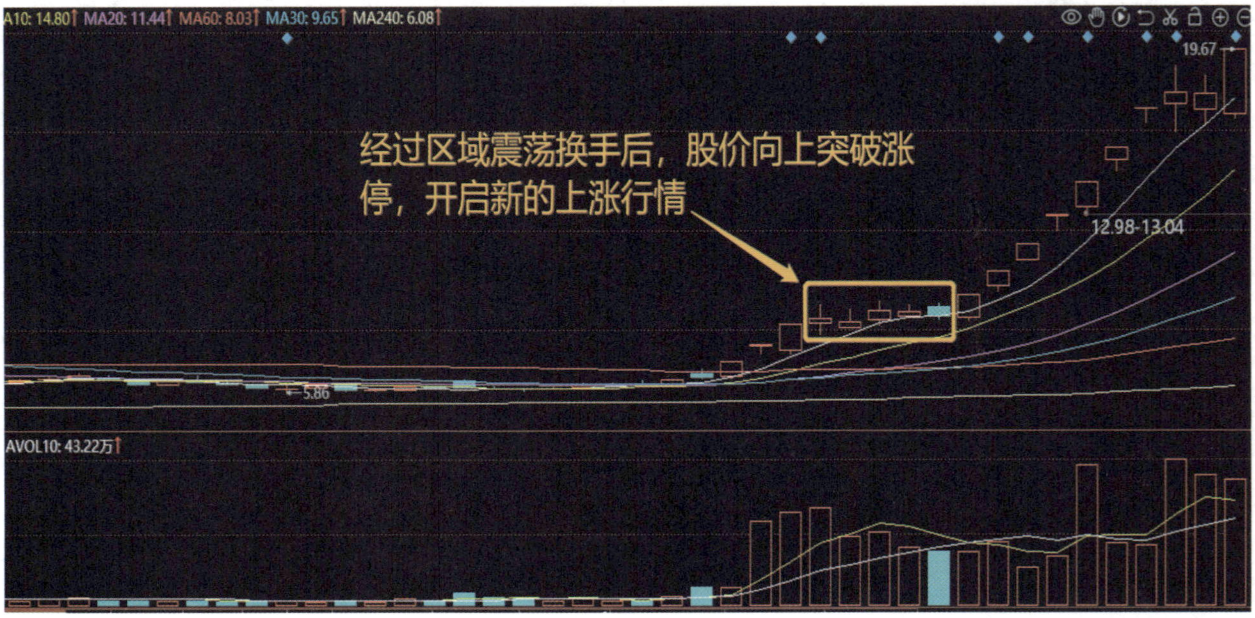

2. 分时换手。

分时换手又叫日内换手，通过分时震荡完成换手接力，让盘中短线筹码离场，同时让场外新资金进入，当日完成换手，当日就上板。

1）震荡换手。

主力没有将股价直接拉涨停，而是在盘中上下震荡，或逐波推高股价，最后将股价封在涨停。

2）板上换手。

主力将股价拉升至涨停之后，反复开板震荡，故意不封板，直到尾盘才封板。

宜宾纸业2021年1月6日收出低位首板，次日小幅高开后回落，弱势震荡整理。午后拉涨停，完成日内分时换手，如图所示。

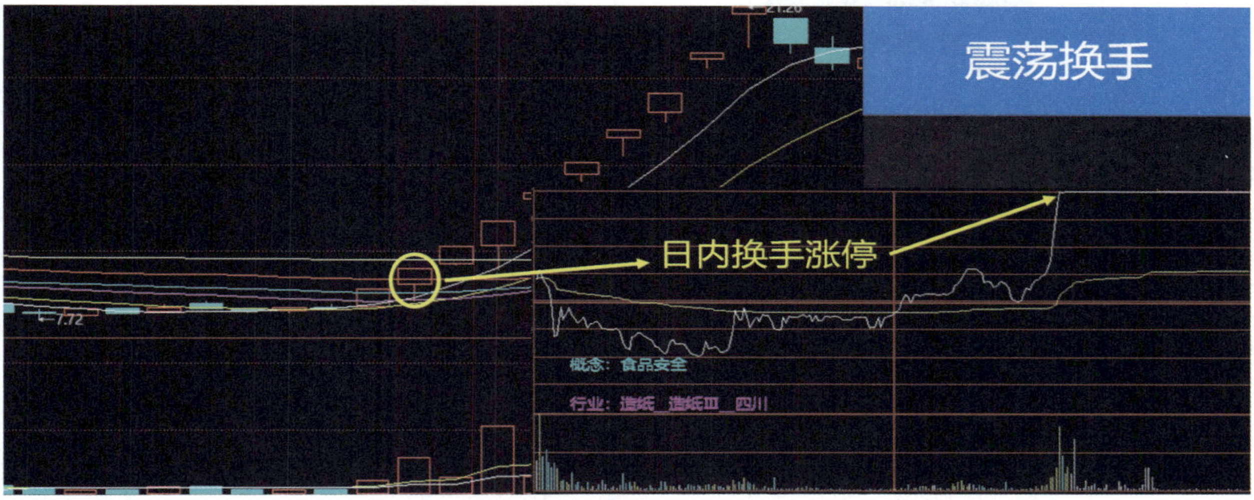

顺控发展2021年3月26日股价拉升至涨停之后，涨停位置多次开板震荡，最终封在涨停板，如图所示。

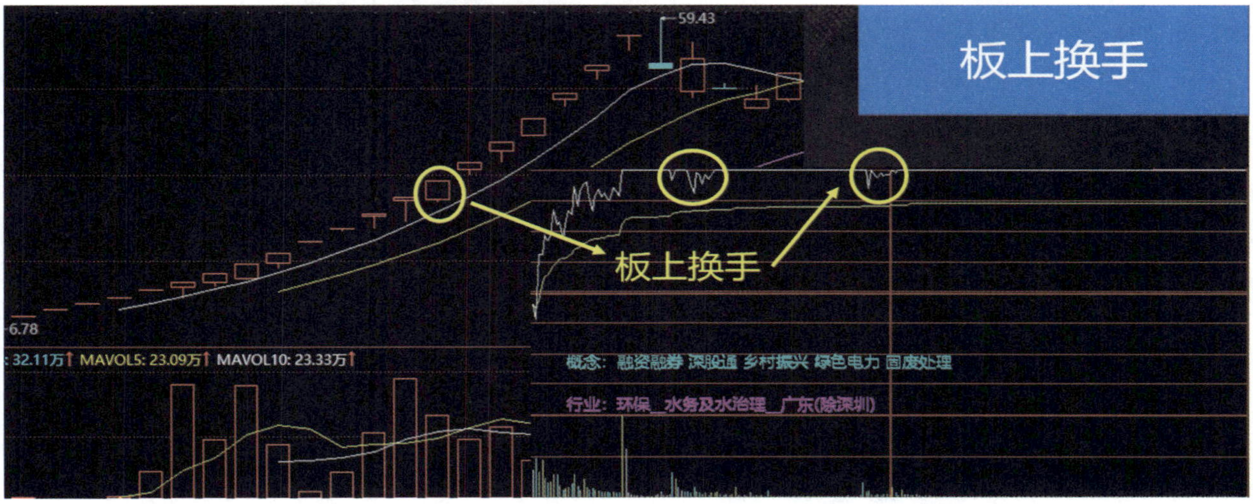

实操：如何快速找到连板的股票？

涨停聚焦
上一日
2022-11-21
下一日
涨停强度
最强风口
连板天梯
涨停板
涨停封板率
涨停打开
28 今日
45 昨日
72% 今日
63% 昨日
11 今日
27 昨日
打板预警
11:28:51【涨停回封】明德生物
池
冲刺涨停
连板池
炸板池
跌停池
编辑
涨幅
最新
涨停原因
首
明德生物 002932 回封 10.00% 71.14 新冠检测+医疗...
国立科技 创 300716 回封 20.01% 16.13 其它
西藏药业 600211 回封 9.99% 43.59 中医药+医疗器...
特一药业 002728 回封 10.02% 30.42 中医药+仿制药...
大东南 002263 回封 10.16% 3.36 特高压+光伏+...
信雅达 600571 回封 10.02% 12.74 信创+跨境支付...
英联股份 002846 10.00% 9.79 锂电池+包装印刷
光伏+兽药

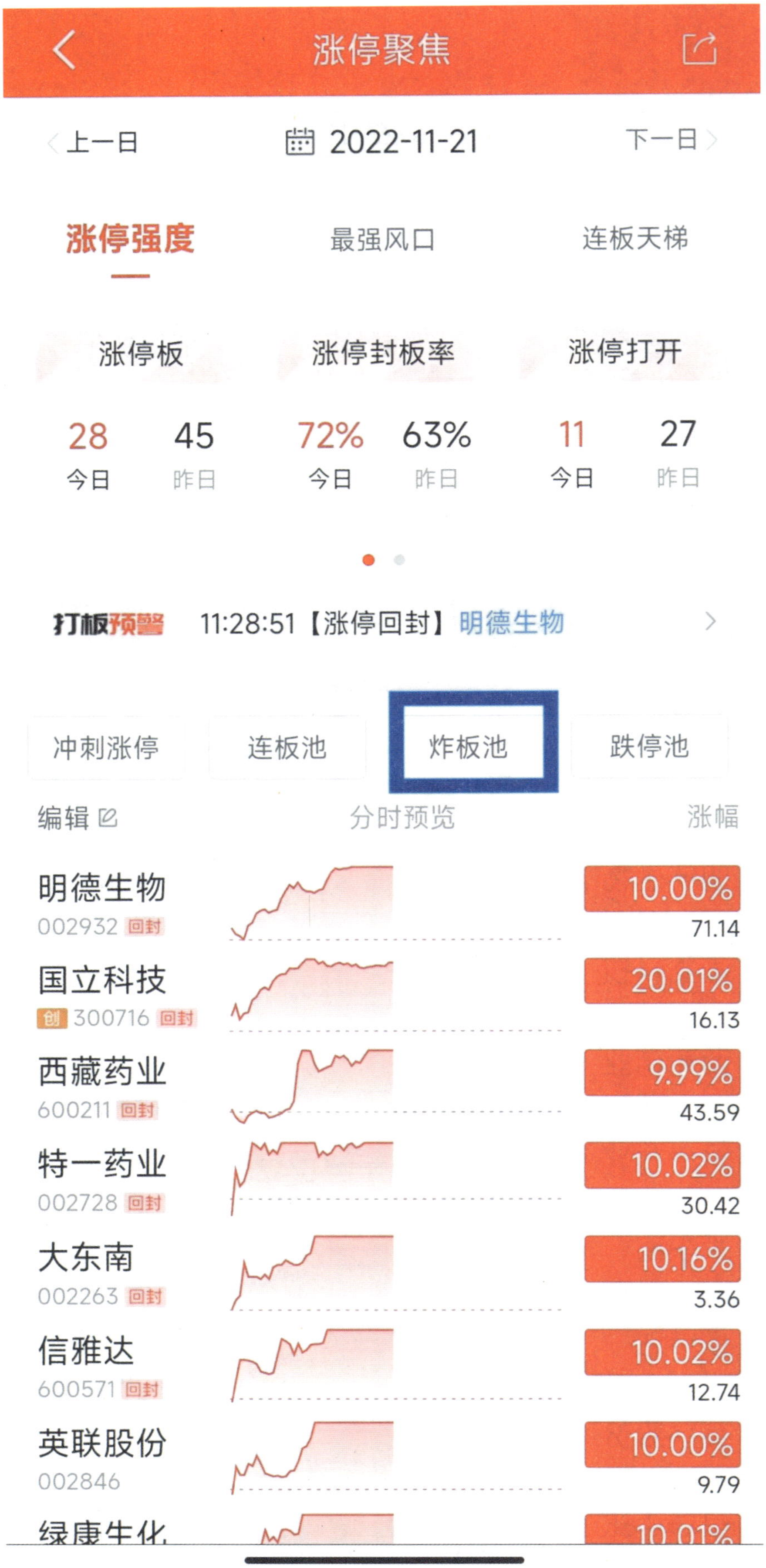
涨停聚焦
上一日
2022-11-21
下一日
涨停强度
最强风口
连板天梯
涨停板
涨停封板率
涨停打开
28 今日
45 昨日
72% 今日
63% 昨日
11 今日
27 昨日
打板预警
11:28:51【涨停回封】明德生物
冲刺涨停
连板池
炸板池
跌停池
编辑
分时预览
涨幅
明德生物
002932 回封
10.00%
71.14
国立科技
创 300716 回封
20.01%
16.13
西藏药业
600211 回封
9.99%
43.59
特一药业
002728 回封
10.02%
30.42
大东南
002263 回封
10.16%
3.36
信雅达
600571 回封
10.02%
12.74
英联股份
002846
10.00%
9.79

战法15 龙头剖析：把握情绪节奏

本节主要帮大家解决以下共性问题：

1）总是踏错节奏，大跌后不敢进场，大涨后高位接盘。

2）同样是龙头，别人买入赚钱，自己买入亏钱。

3）买入就跌，卖出就涨。

问题解析：对市场情绪没有敏锐的感知，总受制于自己的情绪。

小思考：做交易时最容易受到自己的哪些情绪影响？

先看下对情绪周期的独家总结：

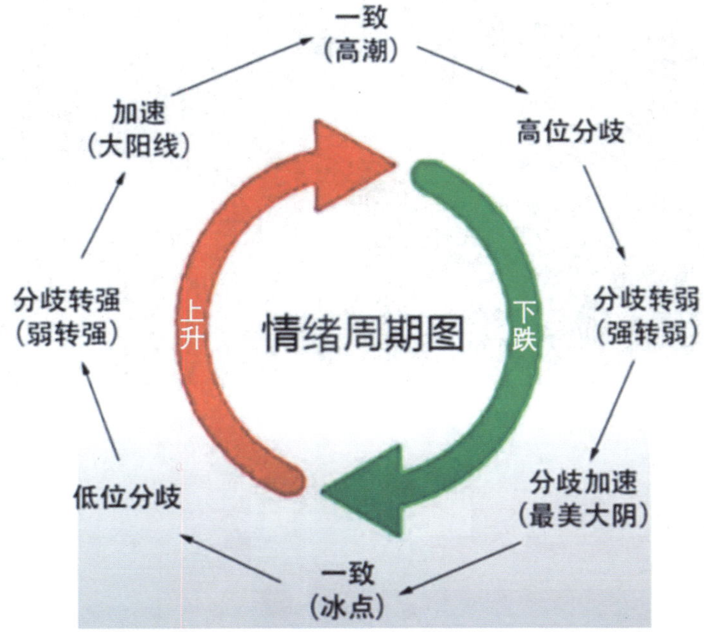

一、情绪的各个阶段

下图标示了股价一轮涨跌过程中情绪转化的九个阶段。

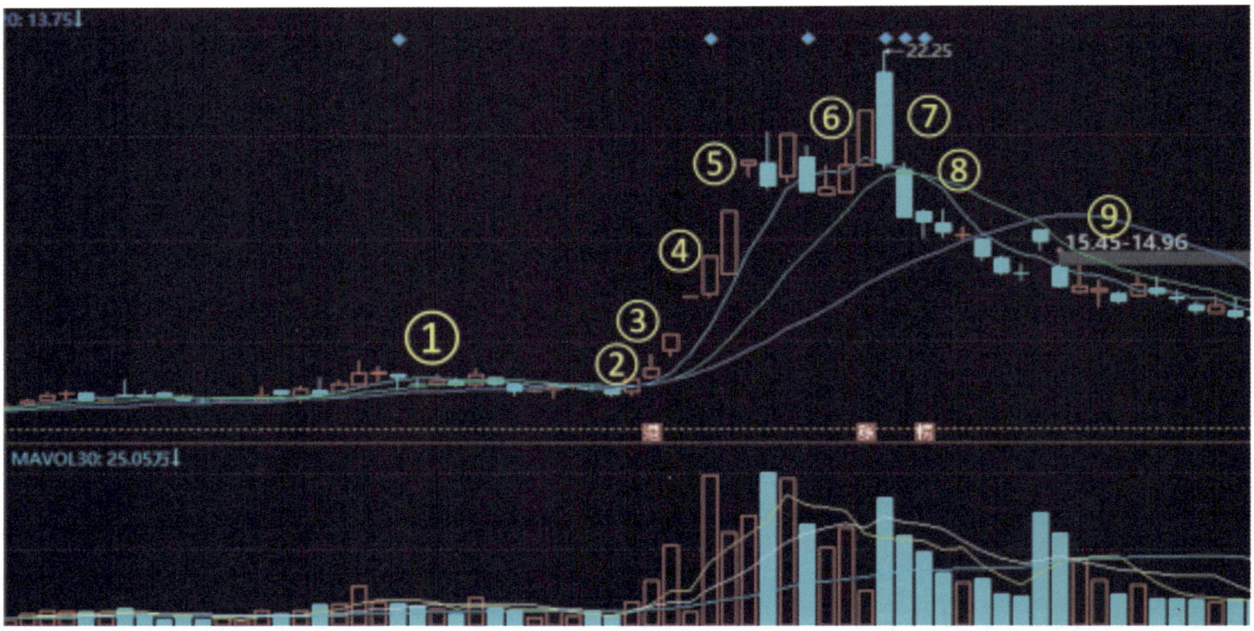

第一阶段：情绪冰点，市场成交低迷，如图所示。

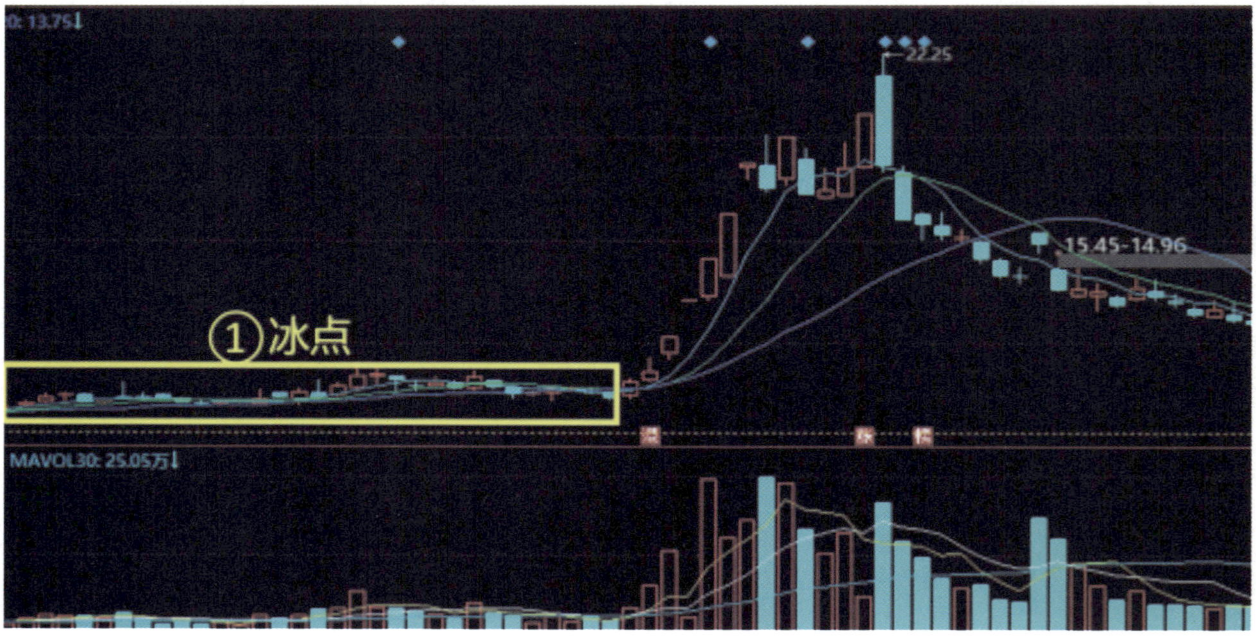

第二阶段：低位分歧，资金试错，如图所示。

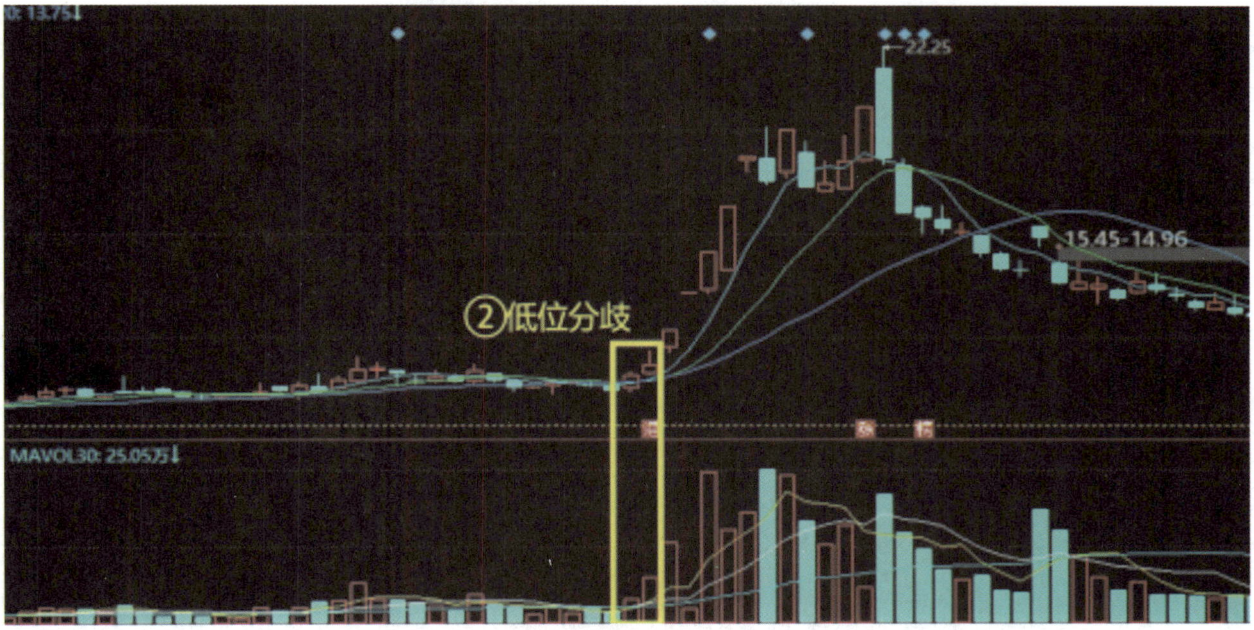

第三阶段：分歧转强，市场多方胜出，如图所示。

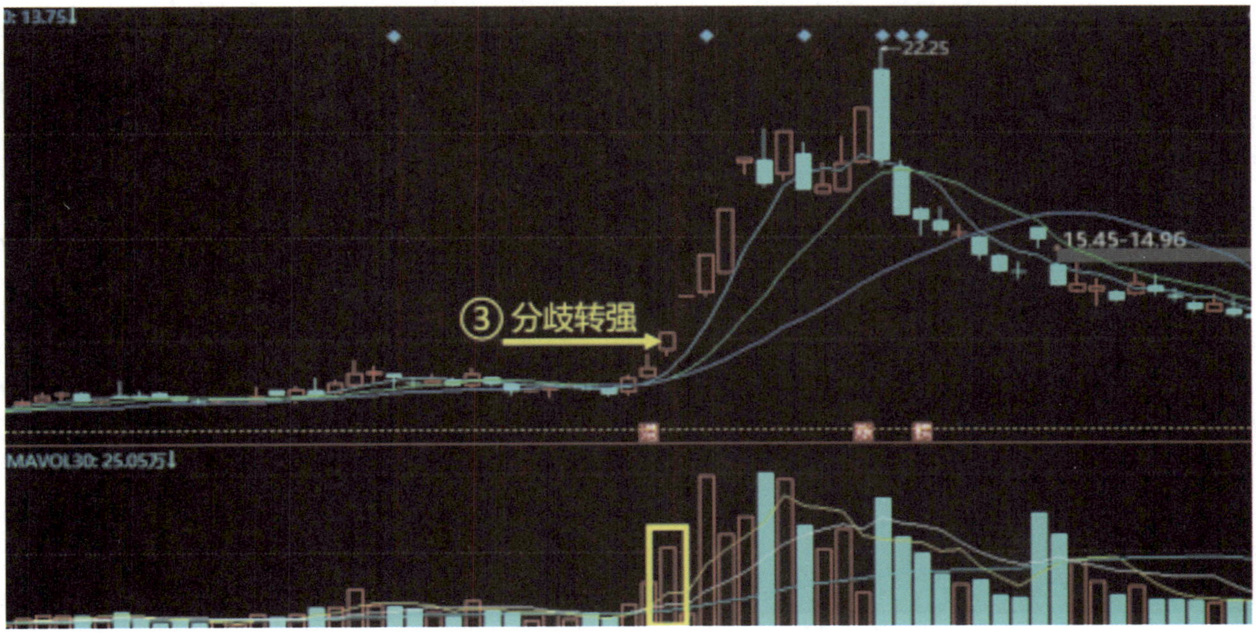

第四阶段：加速大阳线，市场更多人看多，如图所示。

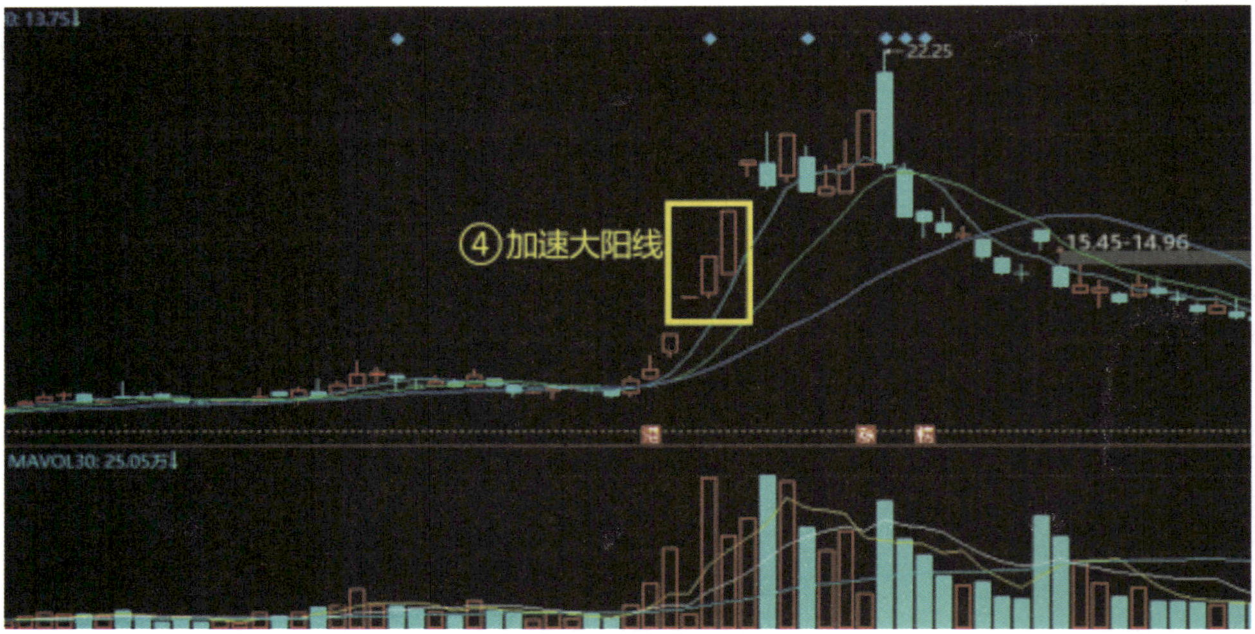

第五阶段：看法一致（高潮），市场做多情绪高昂，如图所示。

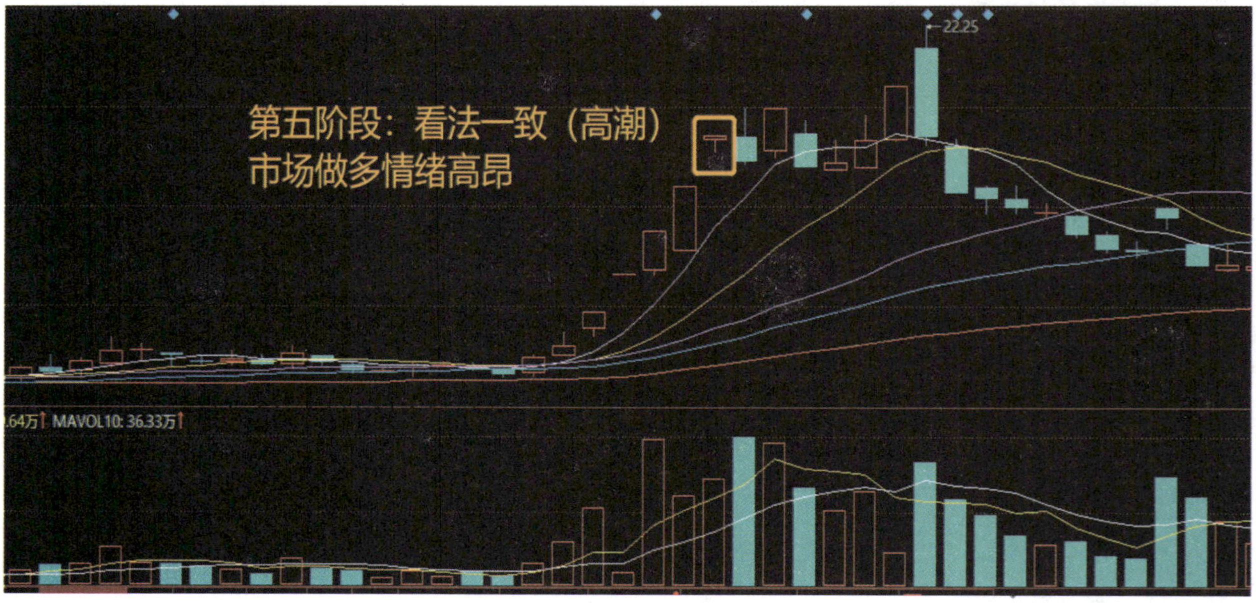

第六阶段：高位分歧，风险初现，如图所示。

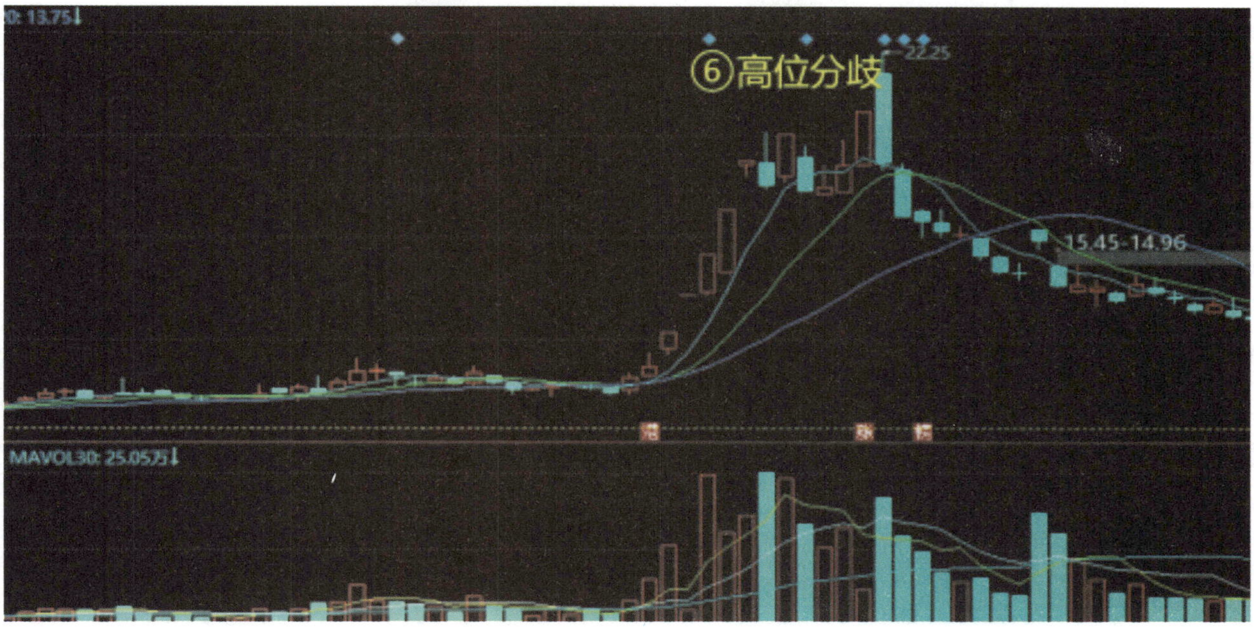

第七阶段：分歧转弱，空方胜出，如图所示。

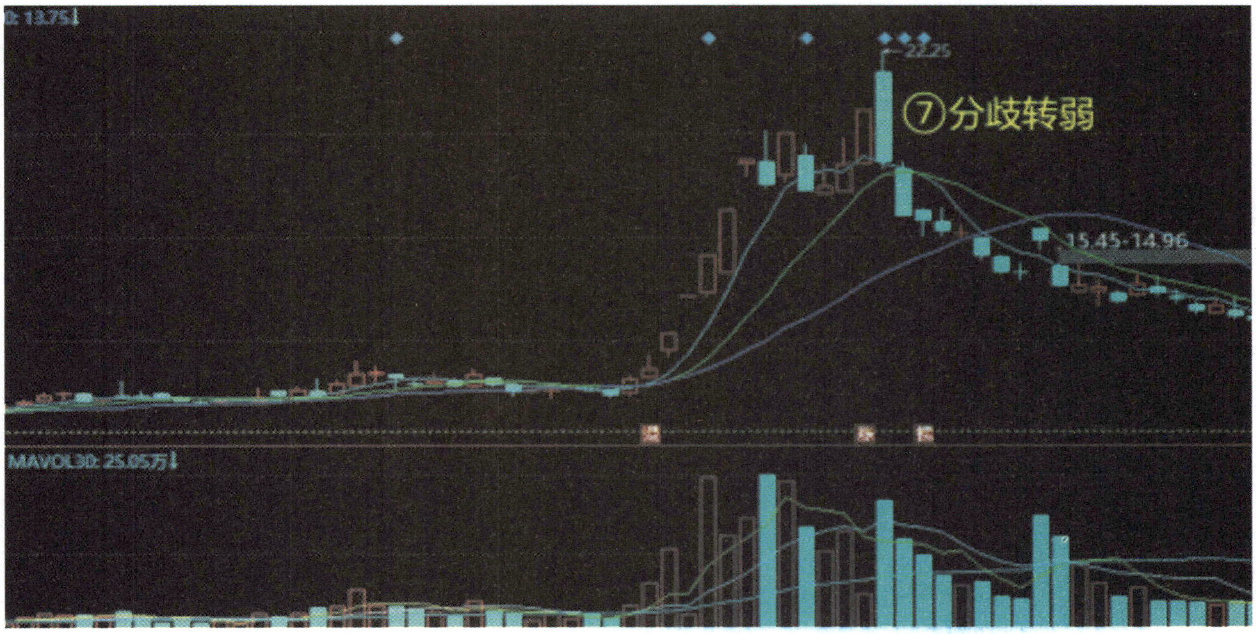

第八阶段：分歧加速，争相卖出，如图所示。

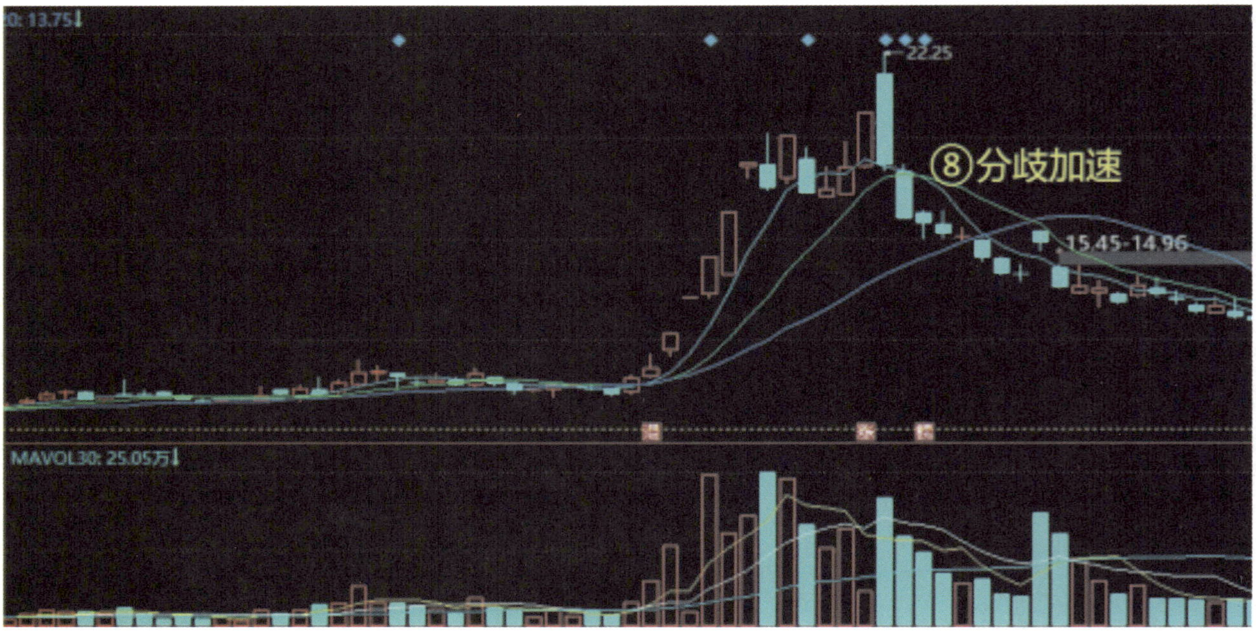

第九阶段：新的冰点，情绪回落，如图所示。

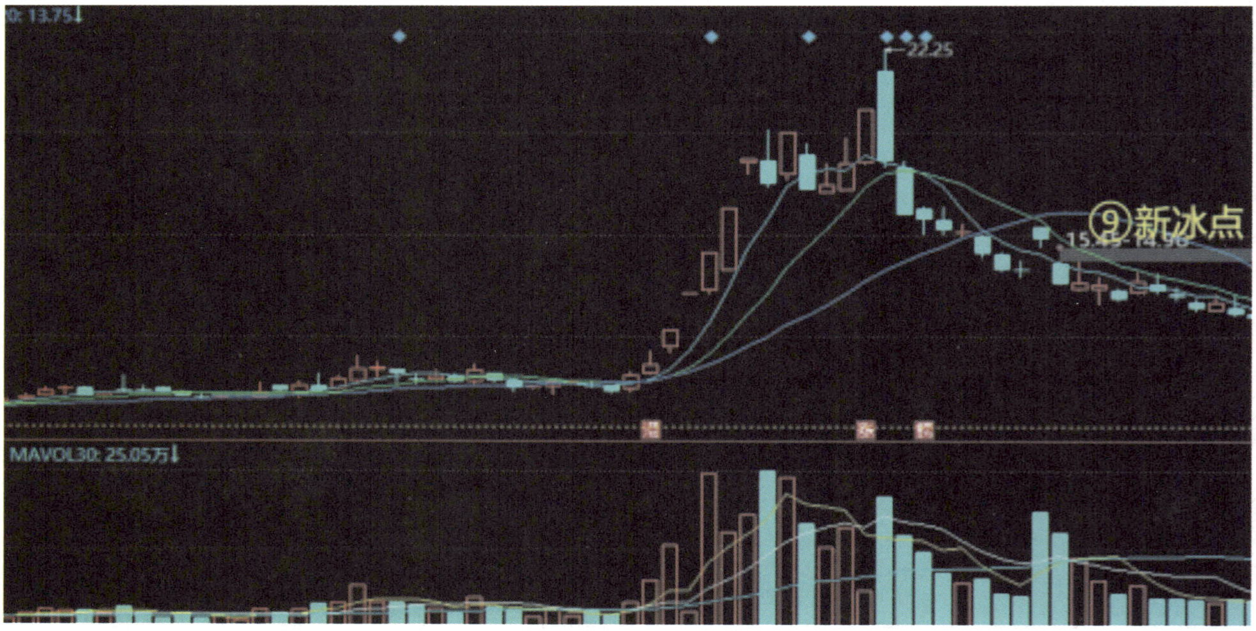

大家对一轮涨跌是不是有更加清晰的认识了？

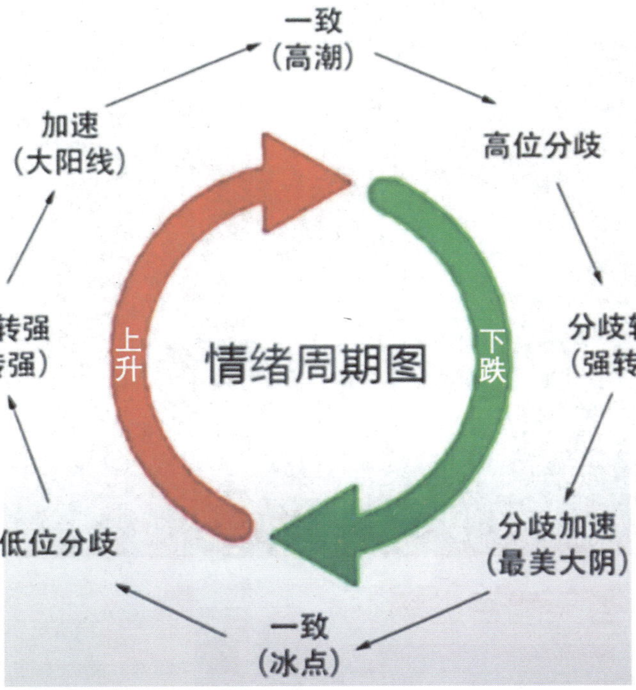

二、龙头剖析

小思考：市场极端弱势的情况下，什么形态最容易走强？

答案：超跌反弹

案例剖析：超跌人气核心——浙江建投

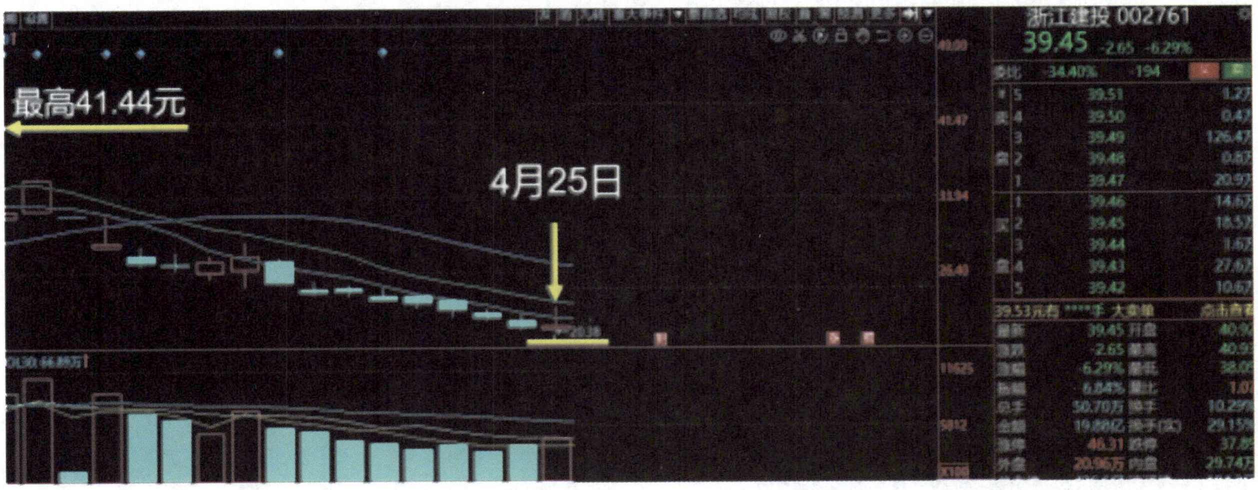

4月25日浙江建设分时走势，如图所示。

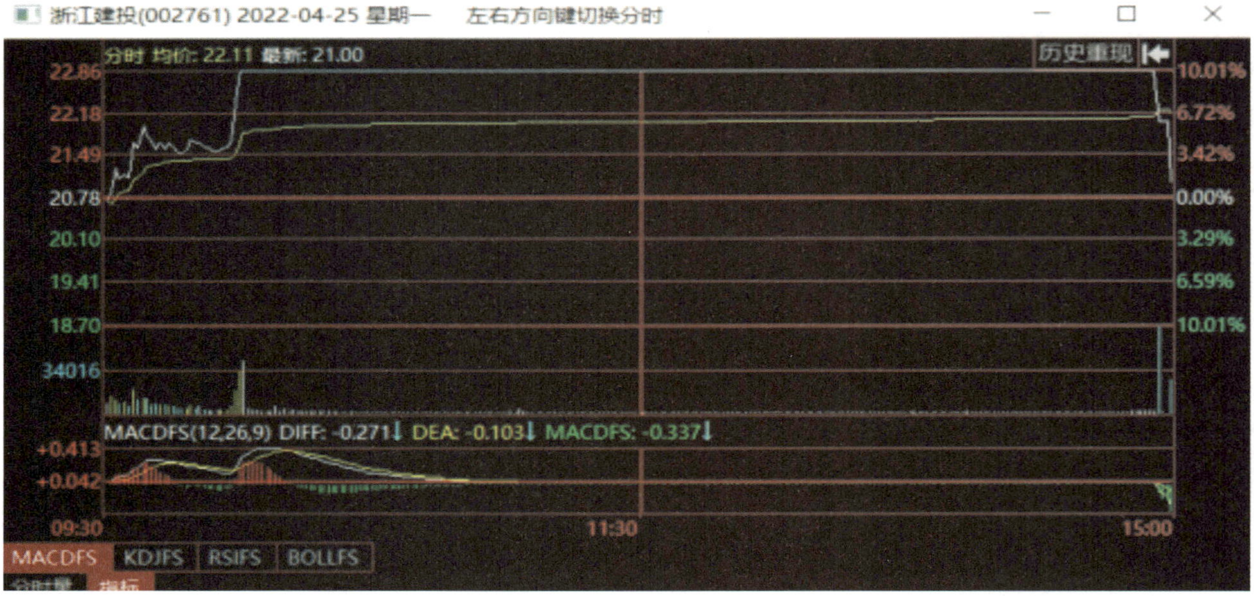

大家可以思考当天能否进场？

先看下当时的大盘环境，如图所示。

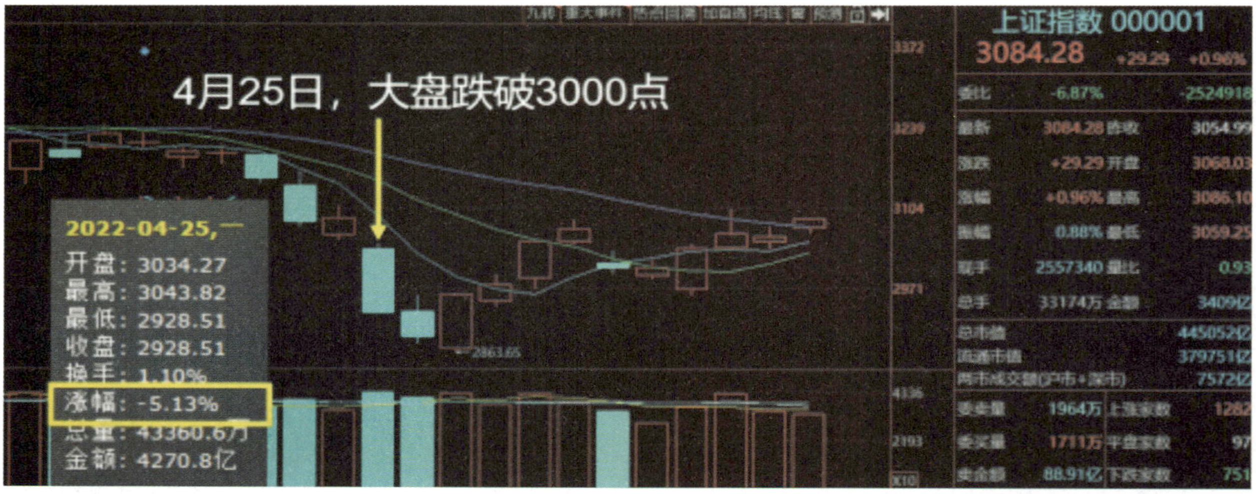

4月25日涨跌家数，如图所示。

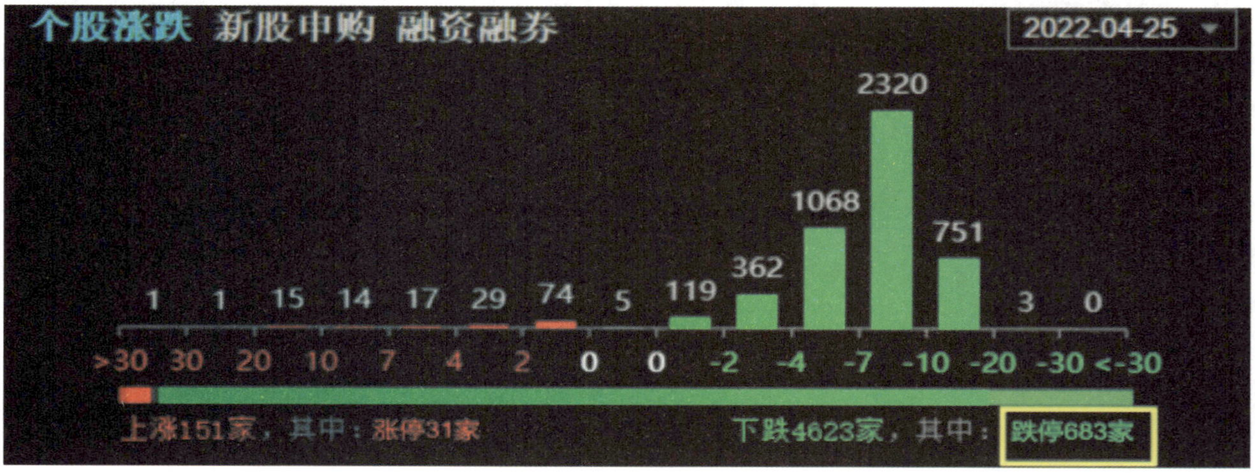

可以得出这样的结论：4月25日不适合进场，如图所示。

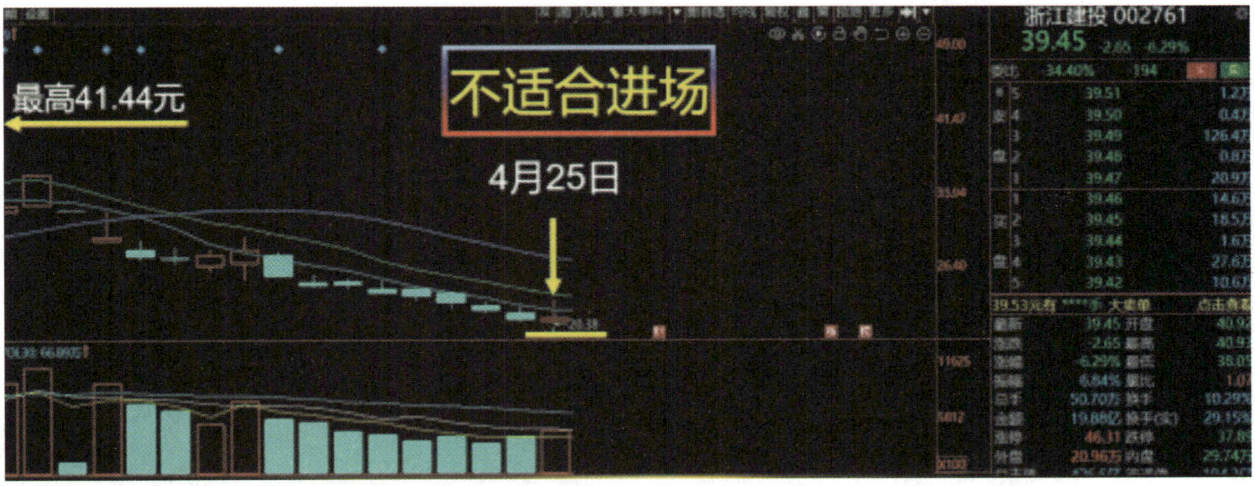

再来看4月26日该股K线走势，如图所示。

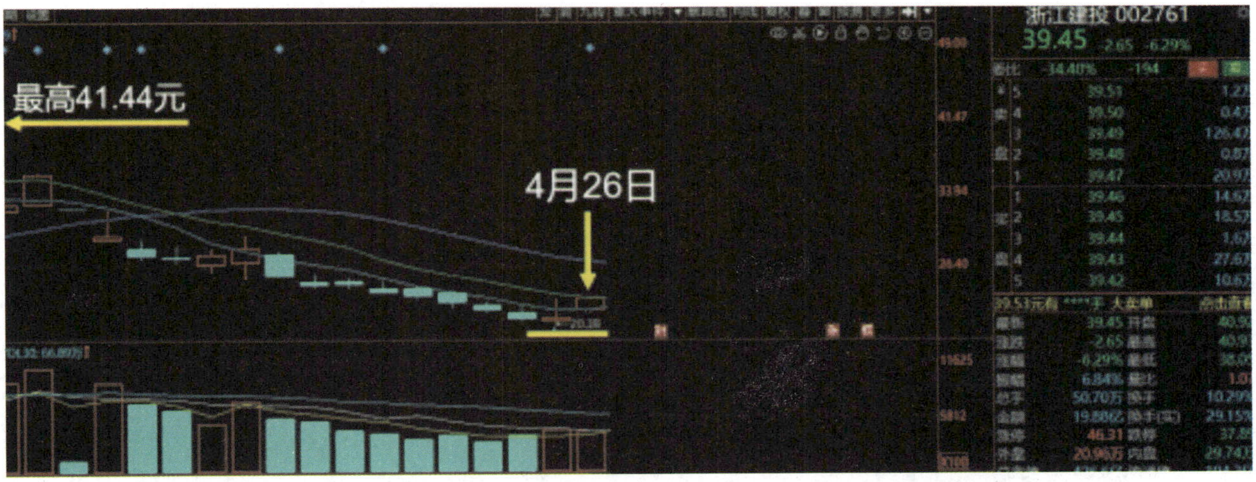

4月26日分时走势如图所示，下面来判断这天能否进场？

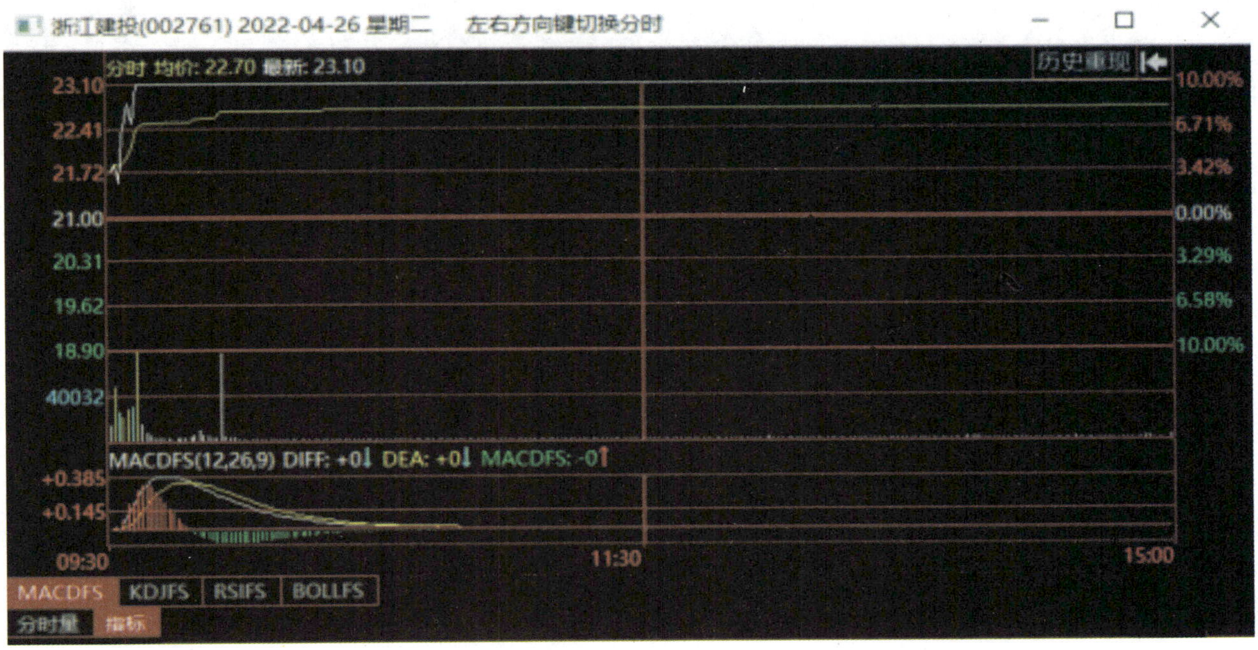

先看下26日的大盘环境，如图所示。

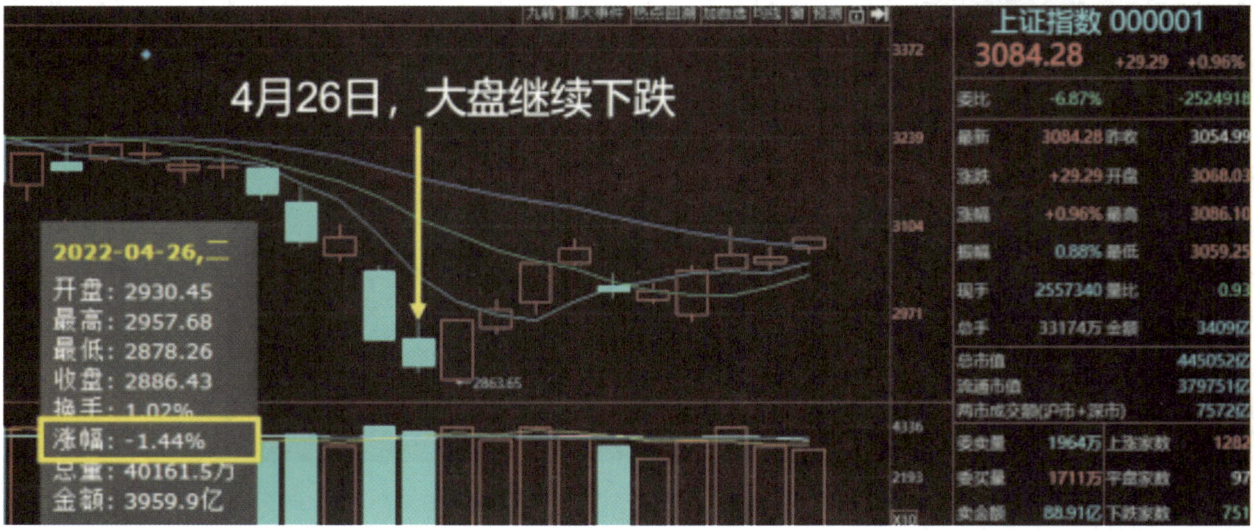

4月26日涨跌家数，如图所示。

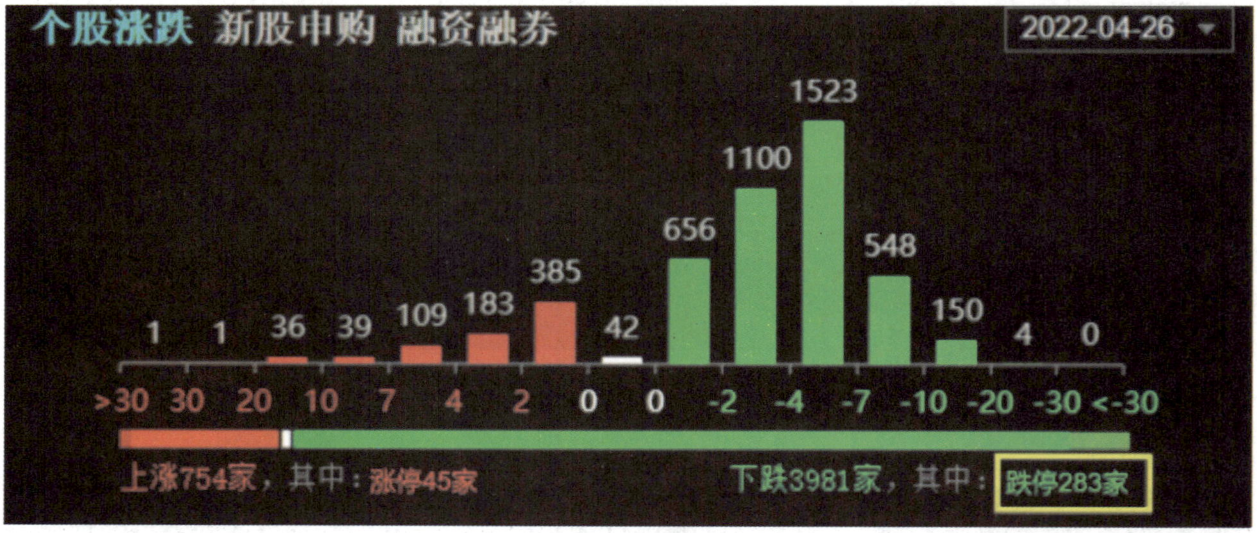

重点：跌停几百只的弱市情况下，任何接力一旦加速，都极易引发兑现盘。

下面看一个炸板案例，如图所示。

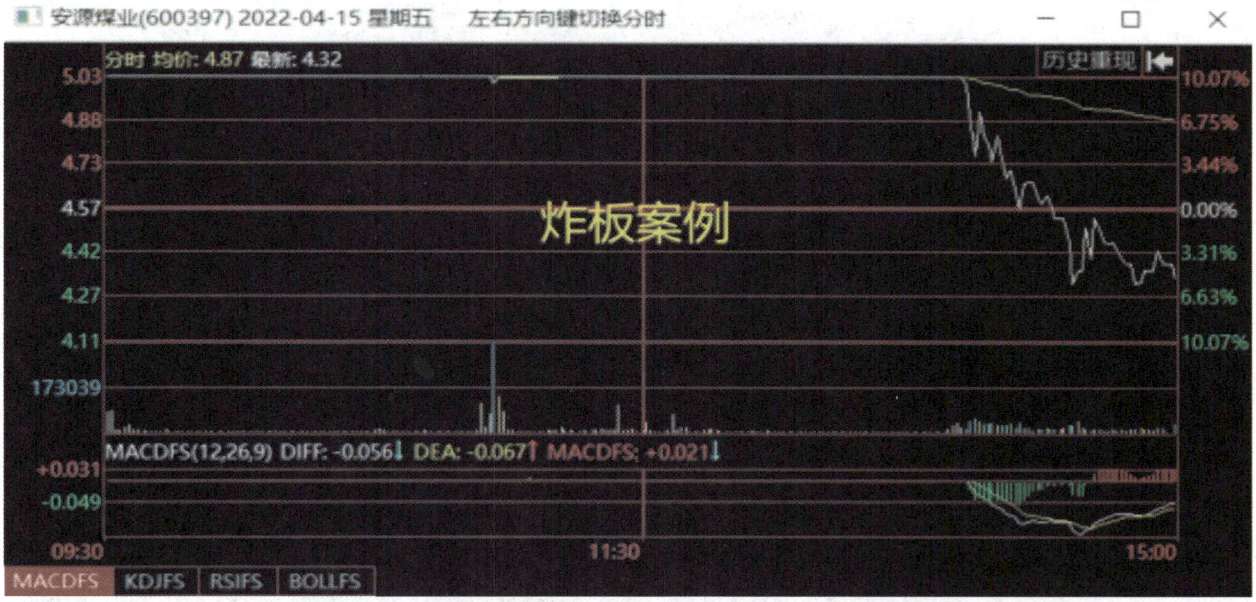

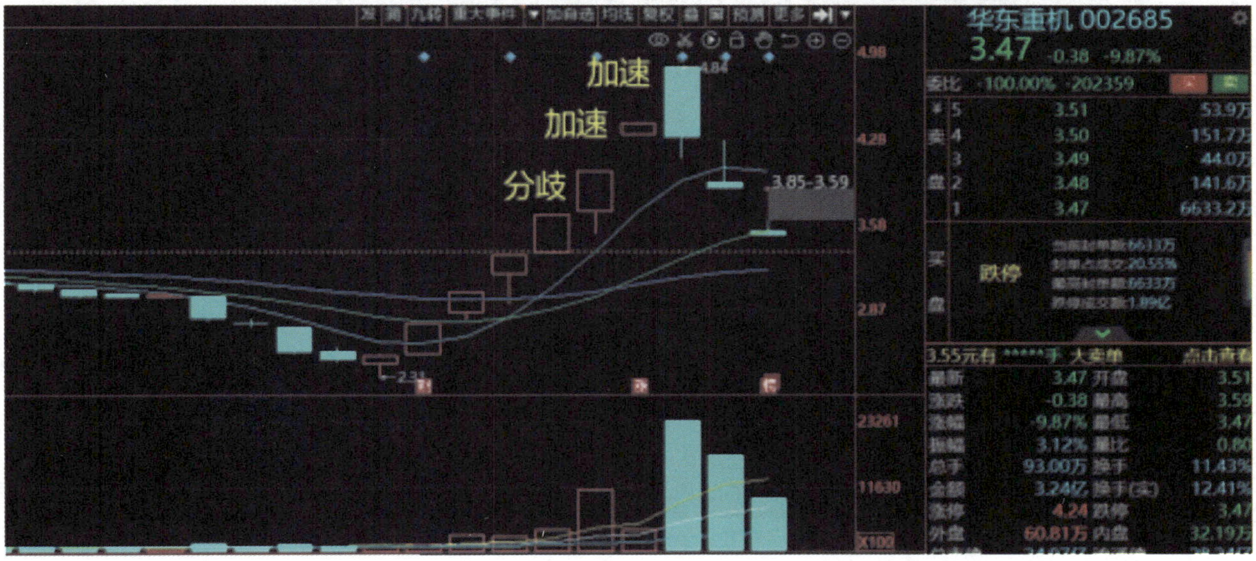

从中可以得出结论：4月26日不适合进场。

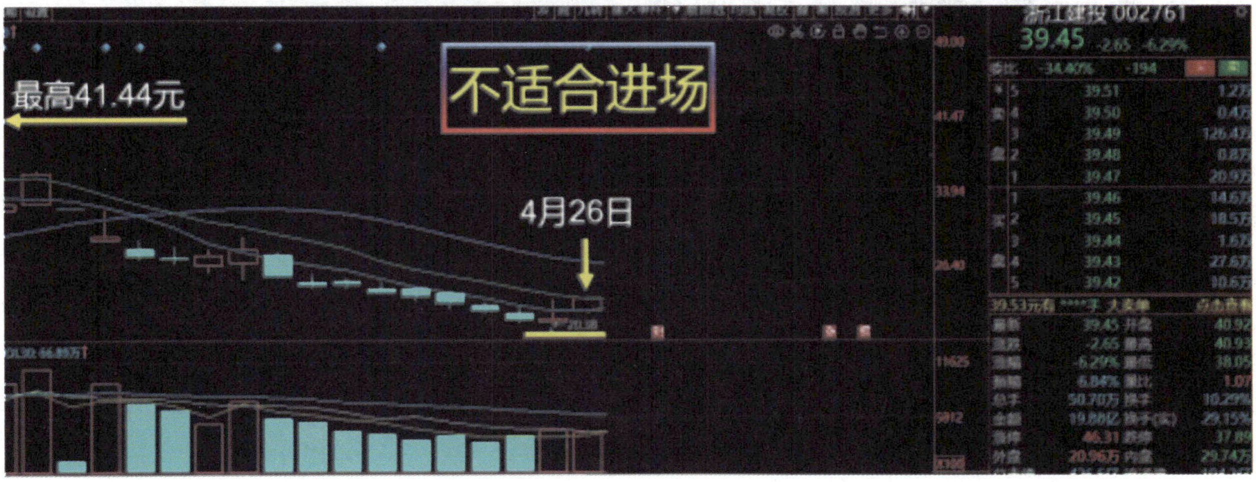

再来看该股票4月27日的表现，如图所示。

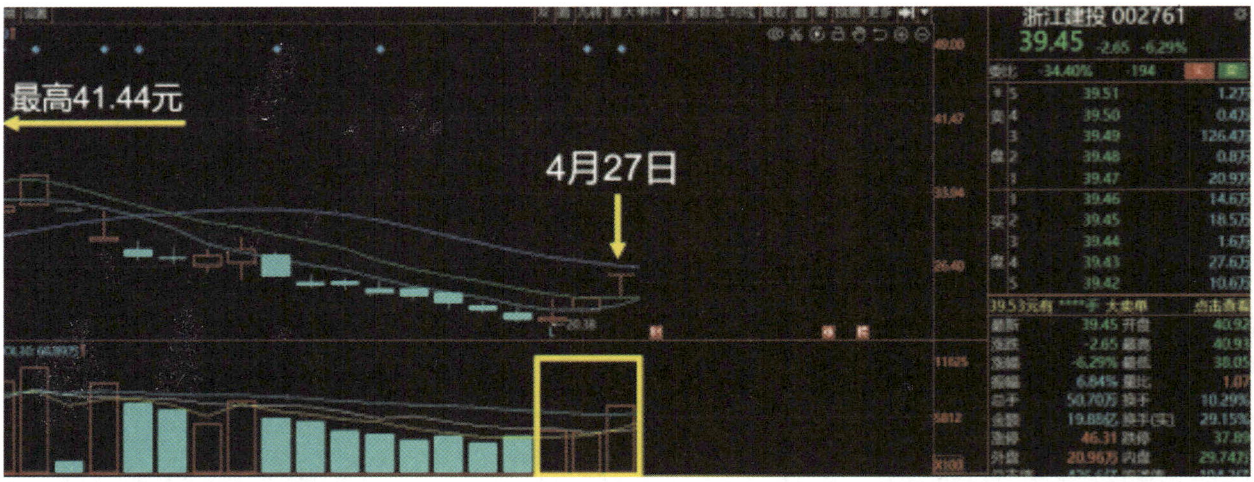

大家需要判断这一天能否进场，如图所示。

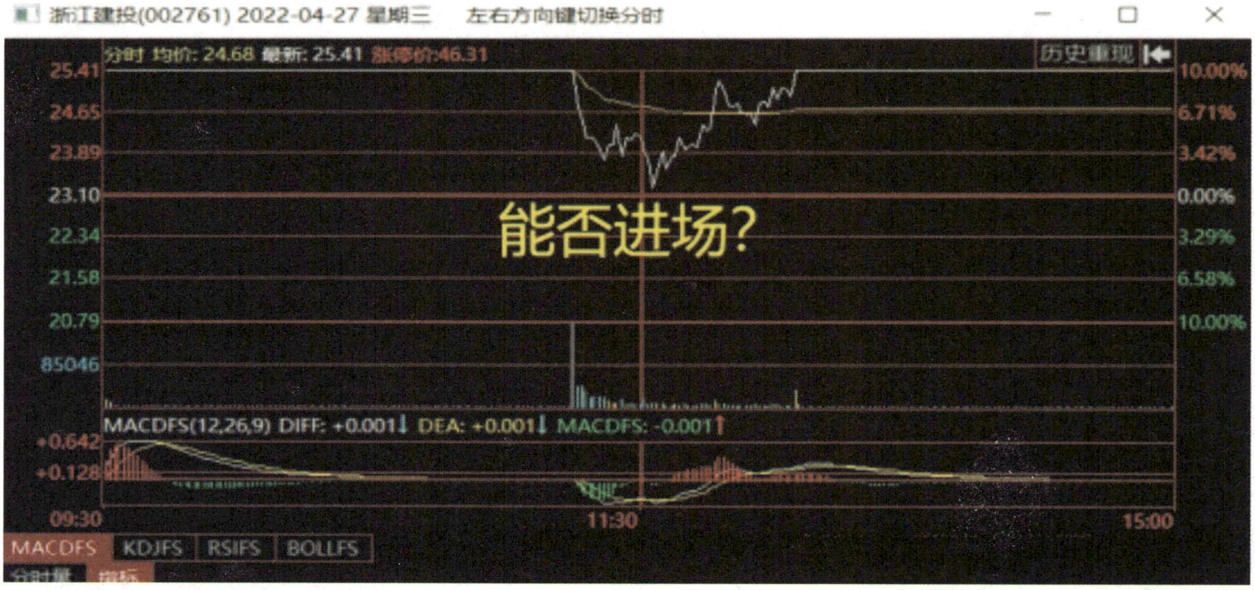

先看下4月27日大盘情况，当日大盘有回暖迹象，如图所示。

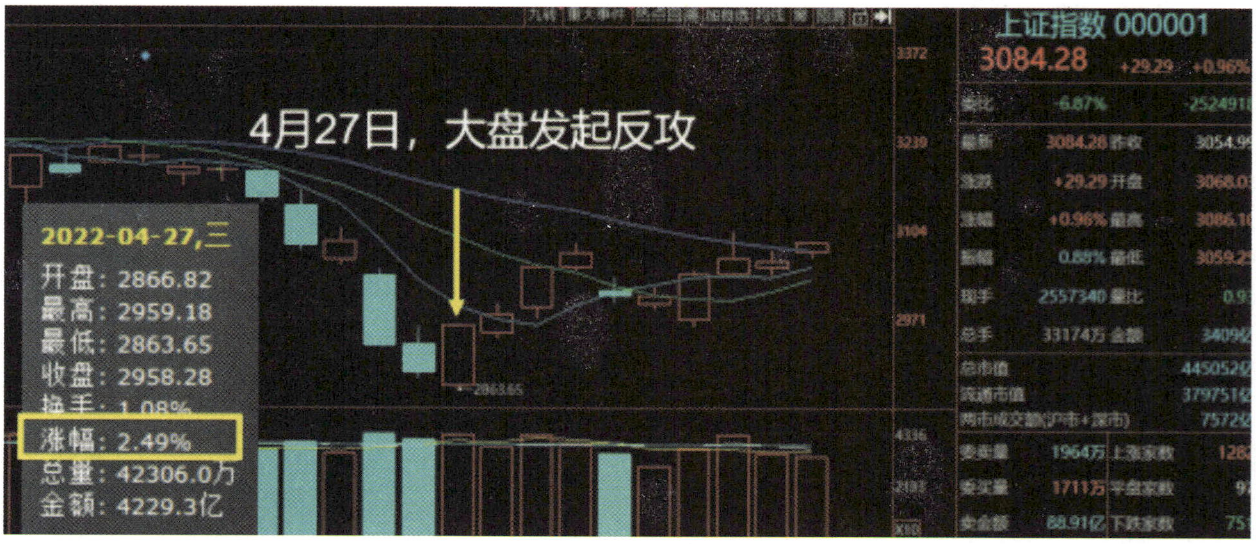

这里配合指数回暖走势，构成第一个试错买点，如图所示。

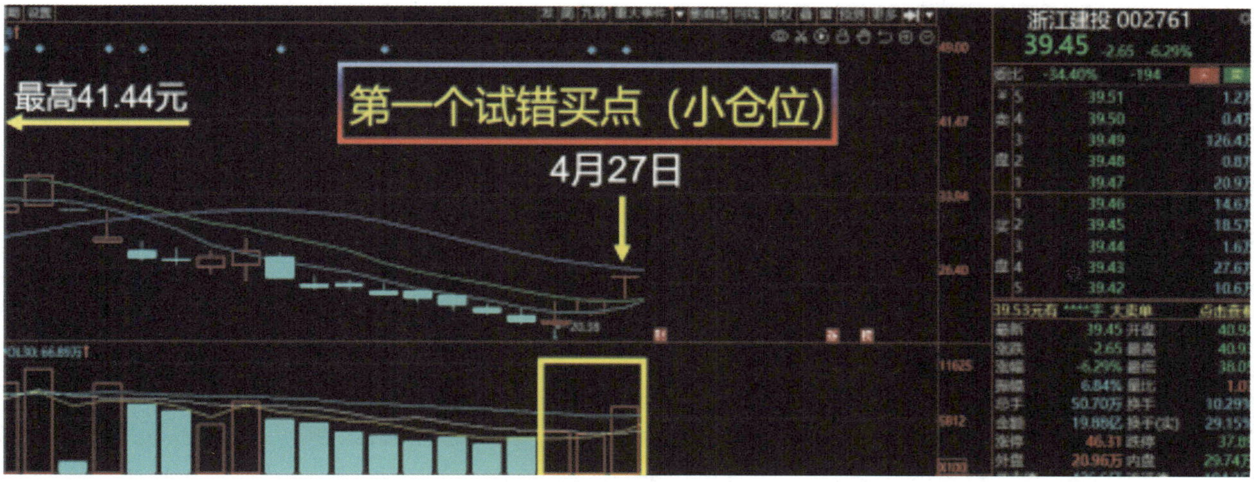

这里还不能确定大盘的反弹是否具有持续性

4月28日浙江建投首次爆量，如图所示。

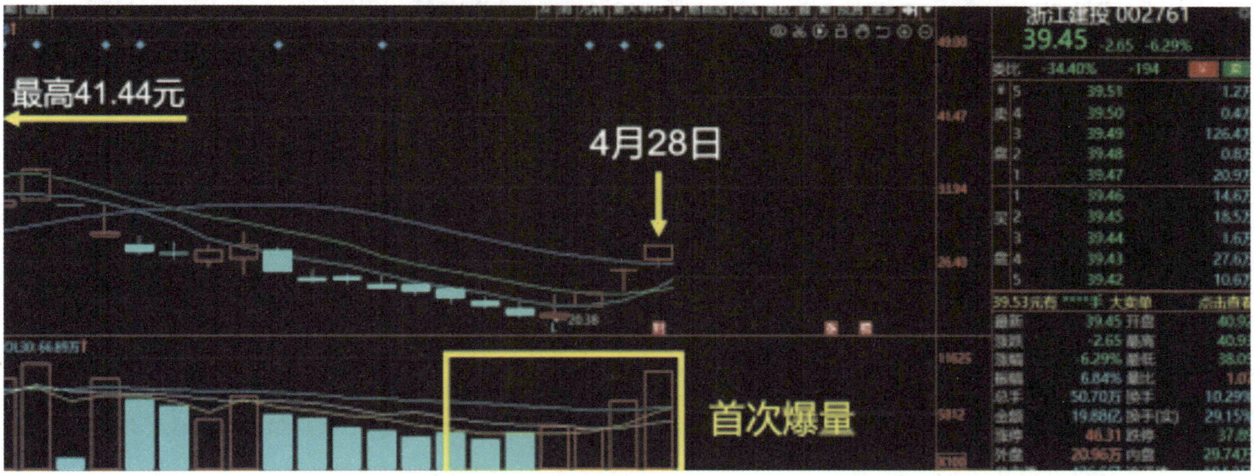

分时图上，该股股价在分时均价线附近强势震荡，如图所示。

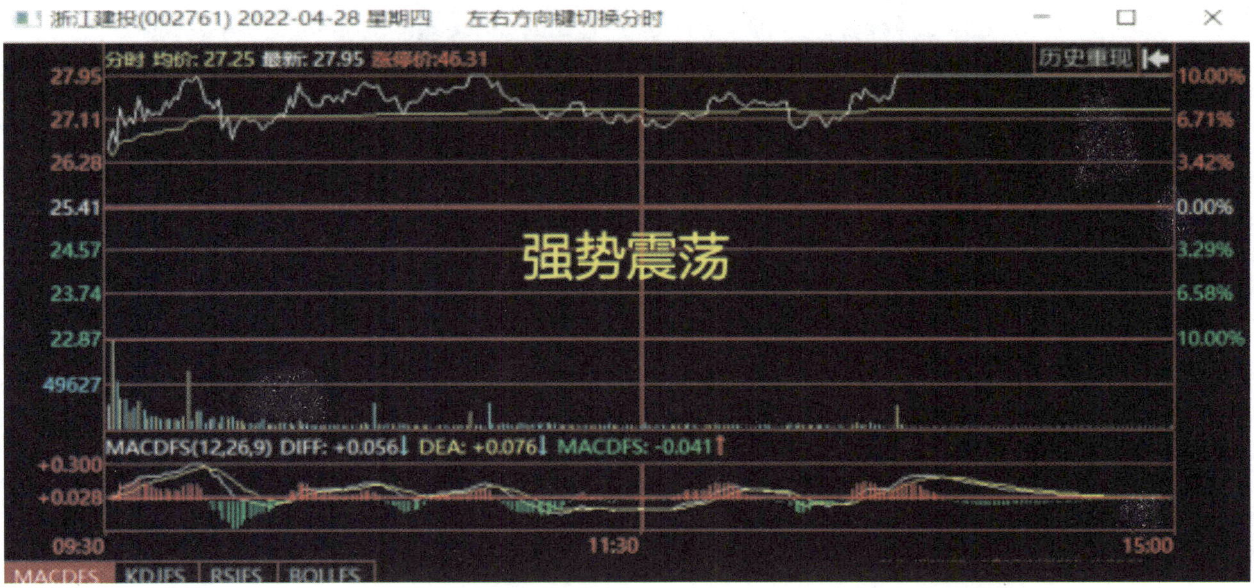

4月28日大盘再次反弹，确认短期下跌结束，如图所示。

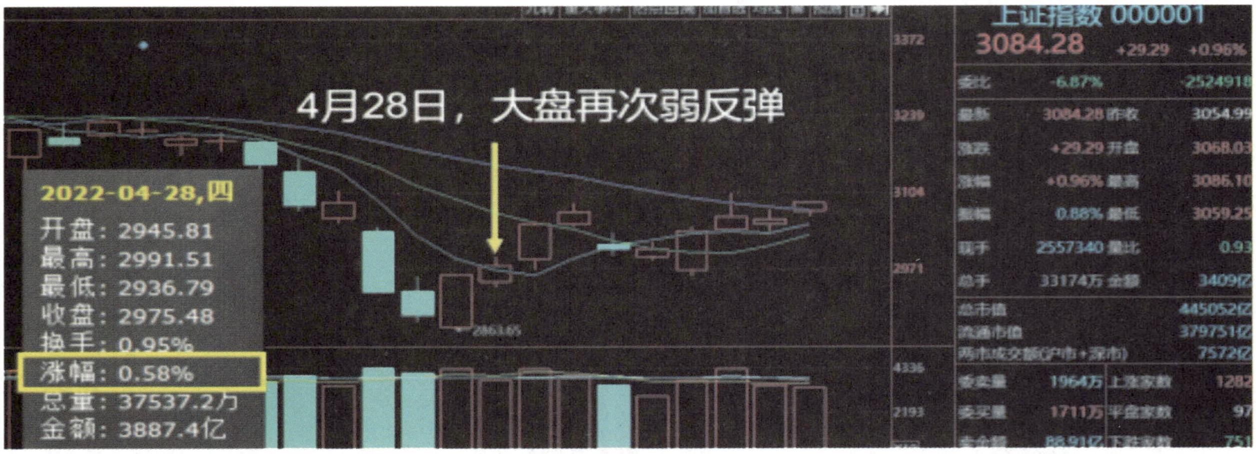

大盘分时图上，13:58分指数回到0轴之上，上演V型反转，如图所示。

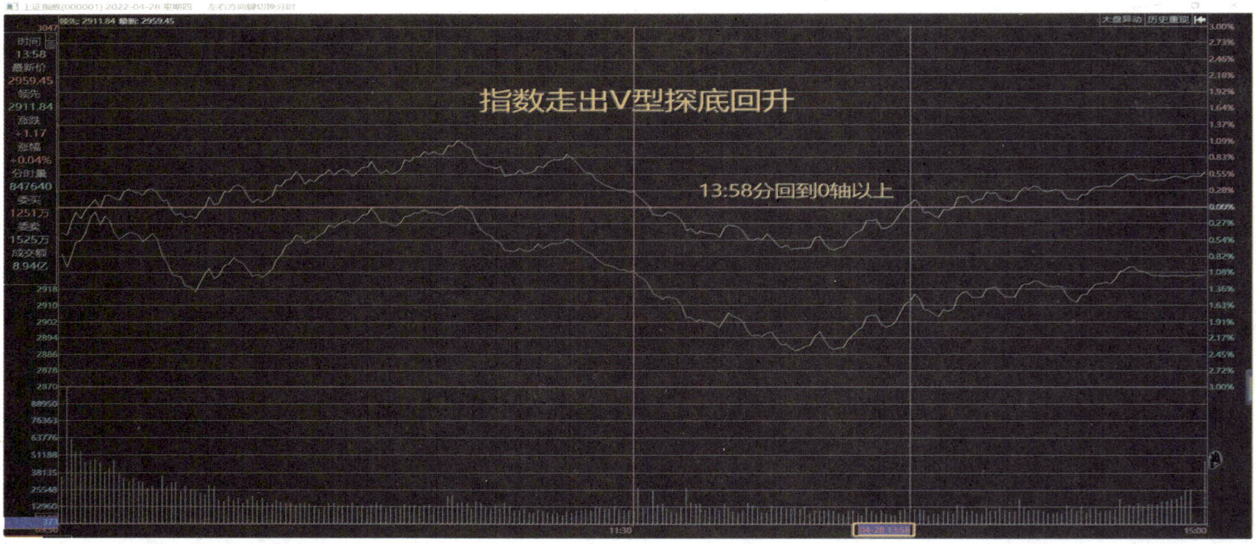

同时，13:58分，浙江建投封上涨停板，如图所示。

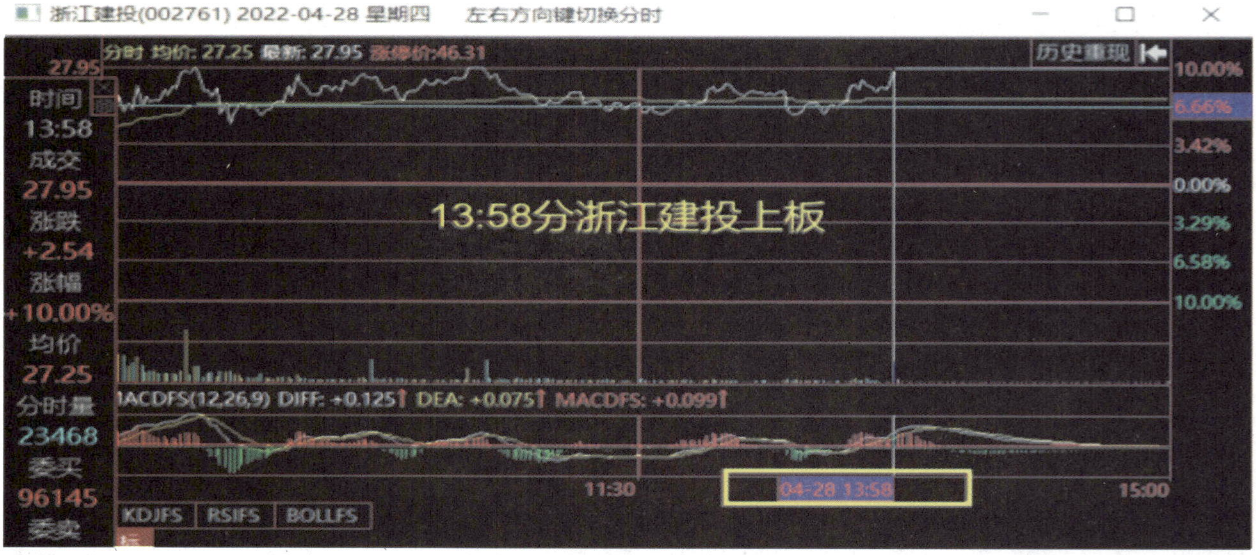

这就叫”指数和情绪的共振“。

4月29日大盘大涨，新的上涨周期到来，如图所示。

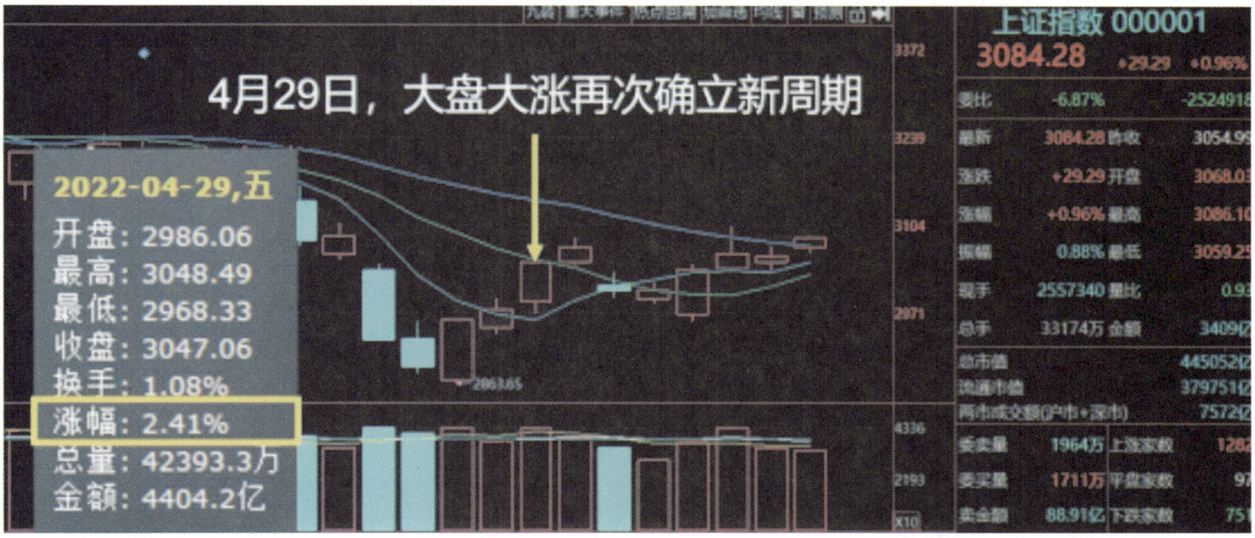

那么，在4月29日，浙江建投应该走出什么样的走势才符合预期呢？如图所示。

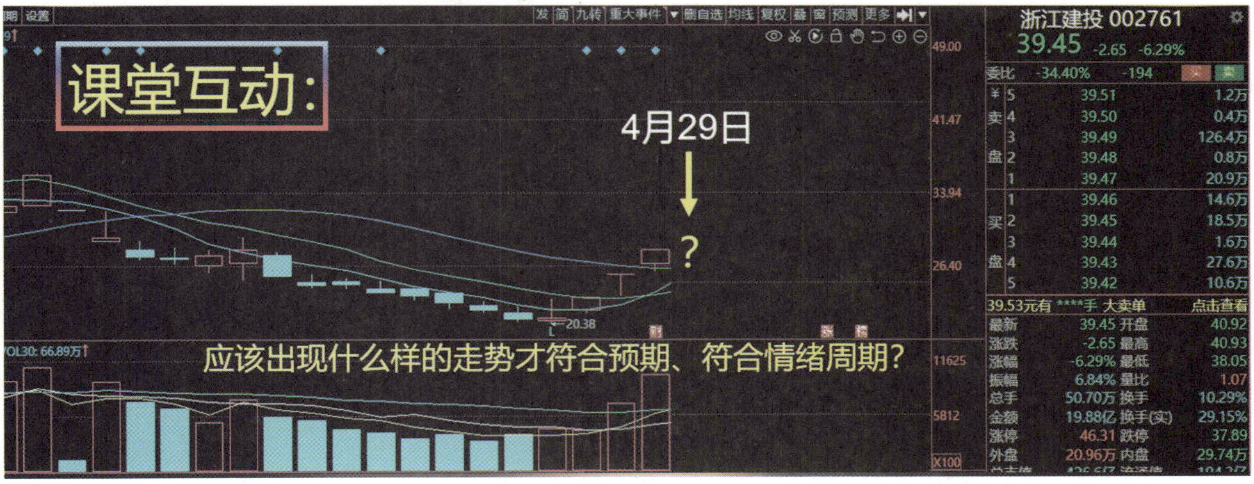

答案：加速涨停，如图所示。

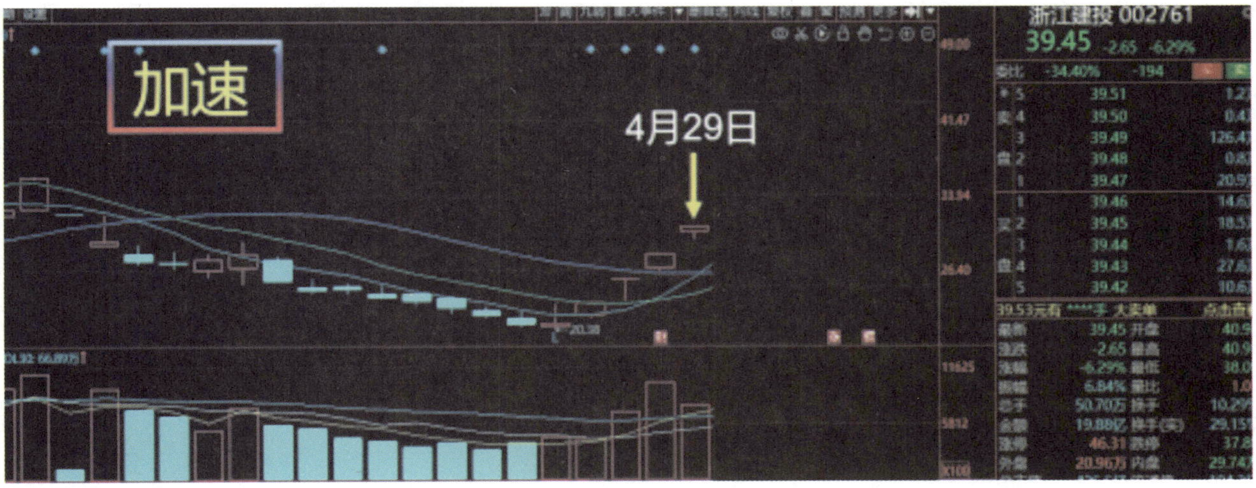

这就是情绪周期对个股的买卖指导。

战法笔记

战法16 蚂蚁上树之主力吸筹战法

一、战法概述

1. 蚂蚁上树形态由5根连续的小阳线构成。
2. 出现在股价的底部区域，暗含股价由弱转强的态势。

二、操作分解

1. 在主力拉升之前，会对股价先进行打压，出现下跌寻底走势，同时伴随着成交量缩量。

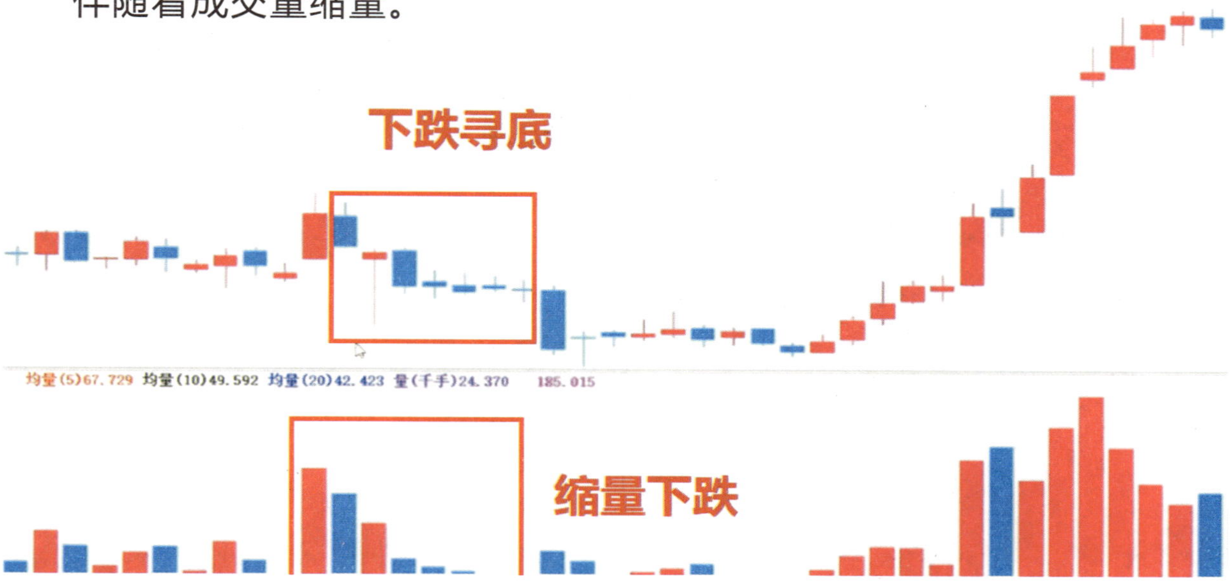

2. 吸筹完毕后，主力会用5根连续小阳线收复失地，且5根小阳线对应的成交量比较小；至少5根小阳线推高股价，中间不可夹杂阴线。5根阳线后会出现放量的大阳线，表示上攻开始。

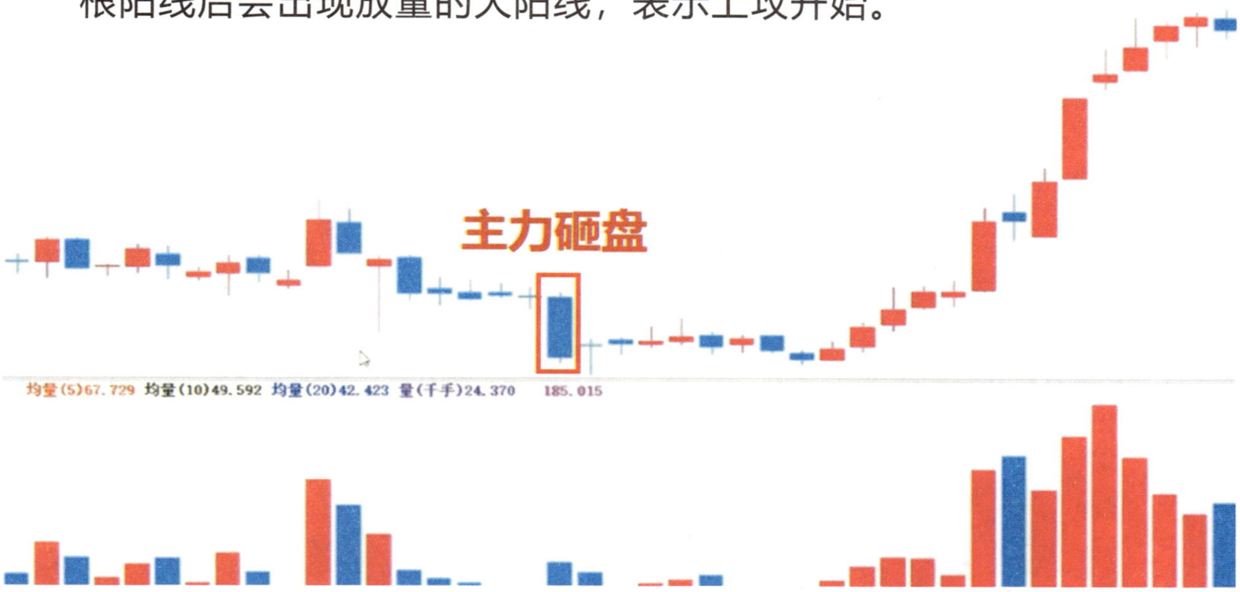

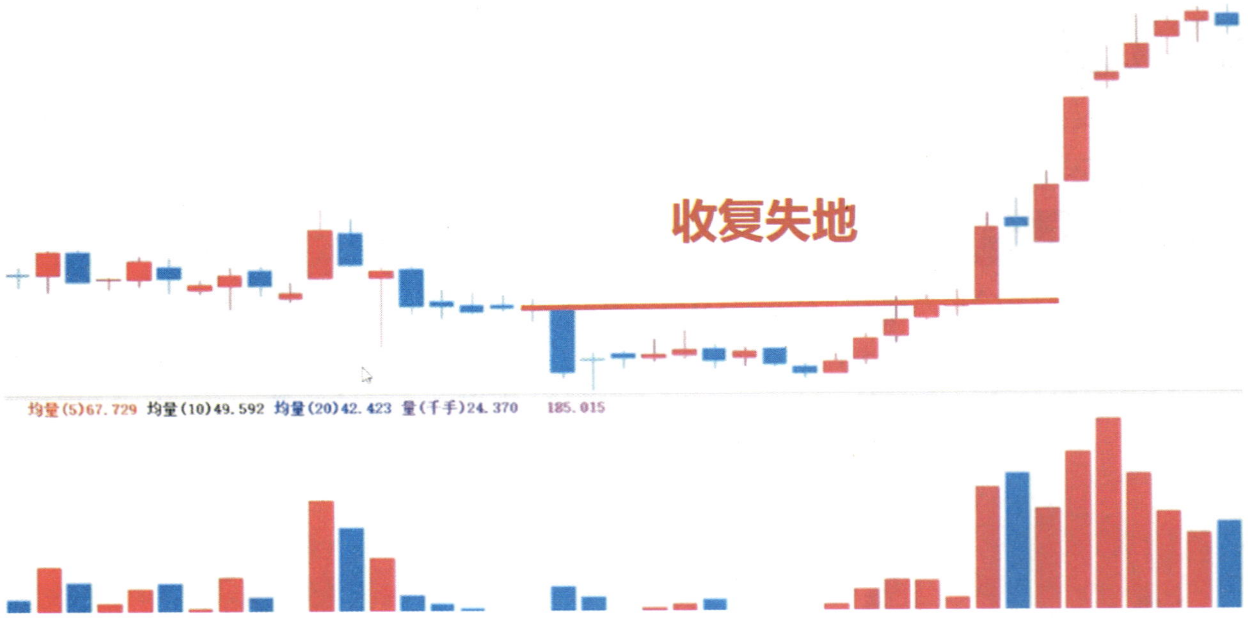

收复失地
均量(5)67.729 均量(10)49.592 均量(20)42.423 量(千手)24.370 185.015

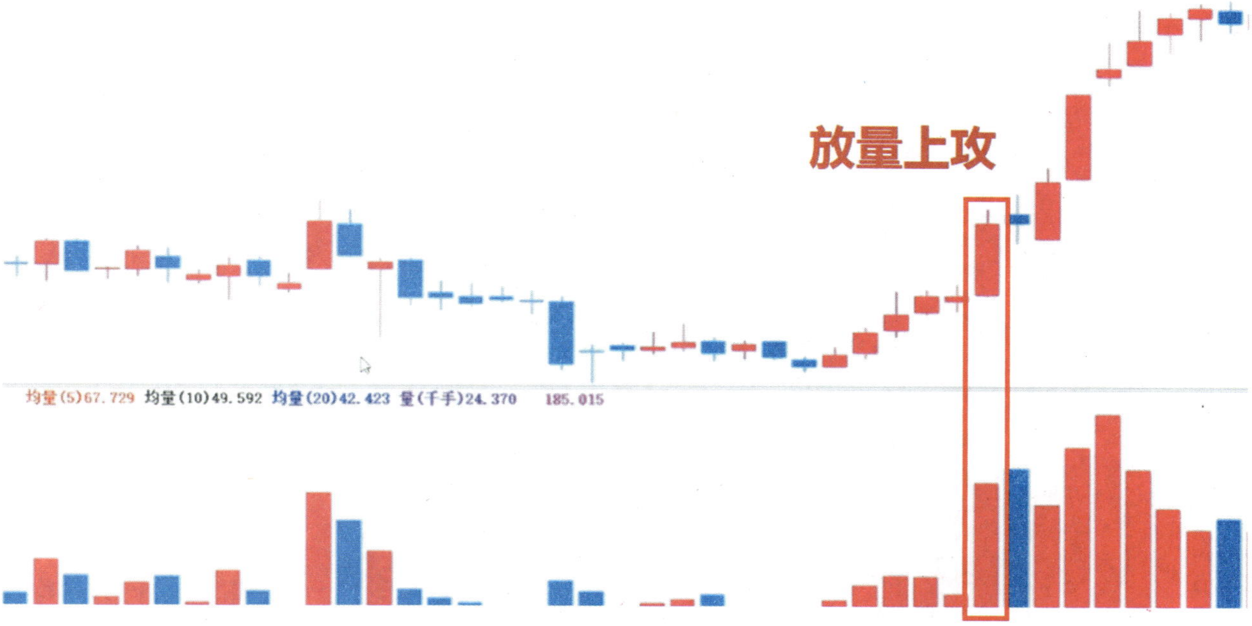

买入时机:

蚂蚁上树出现当天，放量上攻成功突破10日均线后，可以密切关注股价回调的第一根或第二根阴线，轻仓试探。

股价形成“阳克阴”之势，即一阳吃掉前几日的几根阴线或一根阴线，可半仓或重仓出击。

卖出时机:

10日均线有走软迹象或量增而升势凝重时，随时准备离场。一旦股价有效跌穿10 日均线，必须无条件离场。

如果没有来得及离场，可以等待反弹。

战 法 笔 记

战法17 擒龙捉妖战法

一、战法概述

1. 领涨龙头的启动价格基本都在10元以下。
2. 领涨龙头基本都以涨停板启动。
3. 以涨停价格站上5日均线。
4. 5日、10日、20日均线多头排列。
5. 启动时成交量一定要放量。

【i问财】搜索：股价在10元以下；涨停；站上5日均线；放量；5日、10日、20日均线呈多头排列。

二、操作分解

1. 探索领涨龙头特点：领涨龙头的启动价格基本都在10元以下。

2. 找到市场热点板块：【i问财】搜索：近一个月涨幅最高的股票

近一月涨幅最高的股票；医药　　收藏

条件说明　添加条件

问财通过精准语义解析和关键词匹配，将您的问句解析为如下条件。

近1月的区间涨跌幅排名前10且近1月的区间涨跌幅>0%(1581个)　　所属同花顺行业是医药生物(445个)

选出A股 10　结果不是想要的？去"选股交流平台"看看

+加自选　+加板块　导数据 NEW　搜索：　我的自选股　我的板块股　设置表头

序号	股票代码	股票简称	现价(元)	涨跌幅(%)	区间涨跌幅:前复权(%) 2022.03.15-2022.04.14	区间涨跌幅:前复权排名 2022.03.15-2022.04.14
1	002864	盘龙药业	47.46	3.29	69.99	11/4766
2	603963	大理药业	16.80	-2.21	60.92	16/4766
3	600062	华润双鹤	19.79	3.56	60.24	17/4766
4	002432	九安医疗	90.11	10.00	50.99	28/4766
5	300158	振东制药	11.89	3.66	41.72	45/4766
6	002603	以岭药业	39.99	10.01	35.47	56/4766
7	603229	奥翔药业	71.00	-8.26	27.10	108/4766
8	002932	明德生物	116.81	10.00	20.42	196/4766
9	600833	第一医药	12.78	-10.00	18.77	224/4766
10	002349	精华制药	17.51	9.99	17.52	258/4766

提示：通过这个步骤找到近一个月涨幅最大的股票，可以明确资金的进攻方向，便于下一步精准选出热点板块的龙头妖股。

3. 框定投资标的范围。【i问财】搜索：涨幅排名前20名；股价低于10元；行业。

i问财　涨幅排名前20名；股价低于10元；行业　收藏此问句

首页　A股　基金　美股　港股　信息　指数　百科　新三板　债券　保险　期货

涨跌幅>0%且涨跌幅排名前20(3191个)　收盘价<10元(2044个)　所属同花顺行业(4806个)

选出A股 20　结果不是想要的？去"选股交流平台"看看

+加自选　+加板块　导数据 NEW　搜索：　我的自选股　我的板块股　设置表头

序号	股票代码	股票简称	涨跌幅:前复权(%) 2022.04.14	涨跌幅:前复权排名 2022.04.14	收盘价:不复权(元) 2022.04.14	所属同花顺行业
1	000046	泛海控股	10.22	13/4766	2.05	非银金融-保险及其他-多元金融
2	000518	四环生物	10.15	14/4766	3.69	医药生物-生物制品-其他生物制品
3	600280	中央商场	10.14	15/4766	3.26	商贸零售-零售-百货零售
4	600397	安源煤业	10.12	16/4766	4.57	煤炭-煤炭开采加工-煤炭开采
5	600725	云维股份	10.11	17/4766	4.03	商贸零售-贸易-贸易Ⅲ
6	600791	京能置业	10.09	18/4766	6.22	房地产-房地产开发-住宅开发
7	600331	宏达股份	10.08	19/4766	4.04	有色金属-工业金属-铅锌
8	600740	山西焦化	10.06	20/4766	7.55	煤炭-煤炭开采加工-焦炭加工
9	000679	大连友谊	10.06	21/4766	6.02	商贸零售-零售-百货零售
10	600693	东百集团	10.05	22/4766	6.57	商贸零售-零售-百货零售

选出A股 20　结果不是想要的？去"选股交流平台"看看

+加自选　+加板块　导数据 NEW　搜索：　我的自选股　我的板块股　设置表头

序号	股票代码	股票简称	涨跌幅:前复权(%) 2022.04.14	涨跌幅:前复权排名 2022.04.14	收盘价:不复权(元) 2022.04.14	所属同花顺行业
1	000046	泛海控股	10.22	13/4766	2.05	非银金融-保险及其他-多元金融
2	000518	四环生物	10.15	14/4766	3.69	医药生物-生物制品-其他生物制品
3	600280	中央商场	10.14	15/4766	3.26	商贸零售-零售-百货零售
4	600397	安源煤业	10.12	16/4766	4.57	煤炭-煤炭开采加工-煤炭开采
5	600725	云维股份	10.11	17/4766	4.03	商贸零售-贸易-贸易Ⅲ
6	600791	京能置业	10.09	18/4766	6.22	房地产-房地产开发-住宅开发
7	600331	宏达股份	10.08	19/4766	4.04	有色金属-工业金属-铅锌
8	600740	山西焦化	10.06	20/4766	7.55	煤炭-煤炭开采加工-焦炭加工
9	000679	大连友谊	10.06	21/4766	6.02	商贸零售-零售-百货零售
10	600693	东百集团	10.05	22/4766	6.57	商贸零售-零售-百货零售
11	000737	北方铜业	10.05	23/4766	7.01	有色金属-工业金属-铜
12	600770	综艺股份	10.05	25/4766	7.23	综合-综合-综合Ⅲ
13	000615	奥园美谷	10.04	28/4766	8.33	美容护理-美容护理-医疗美容
14	000514	渝开发	10.03	32/4766	6.80	房地产-房地产开发-住宅开发
15	600318	新力金融	10.03	34/4766	7.68	非银金融-保险及其他-多元金融
16	000656	金科股份	10.02	38/4766	4.94	房地产-房地产开发-住宅开发
17	002251	步步高	10.01	45/4766	9.23	商贸零售-零售-百货零售
18	600119	长江投资	10.00	50/4766	9.90	交通运输-物流-物流Ⅲ
19	600213	亚星客车	10.00	51/4766	7.81	交运设备-汽车整车-商用载客车
20	600936	广西广电	10.00	53/4766	3.85	传媒-传媒-有线电视网络

提示：10元以下为低价股，只有低价股才能受到股民追捧，形成市场合力，最终成为热门龙头。

4. 领涨龙头基本都以涨停板启动。

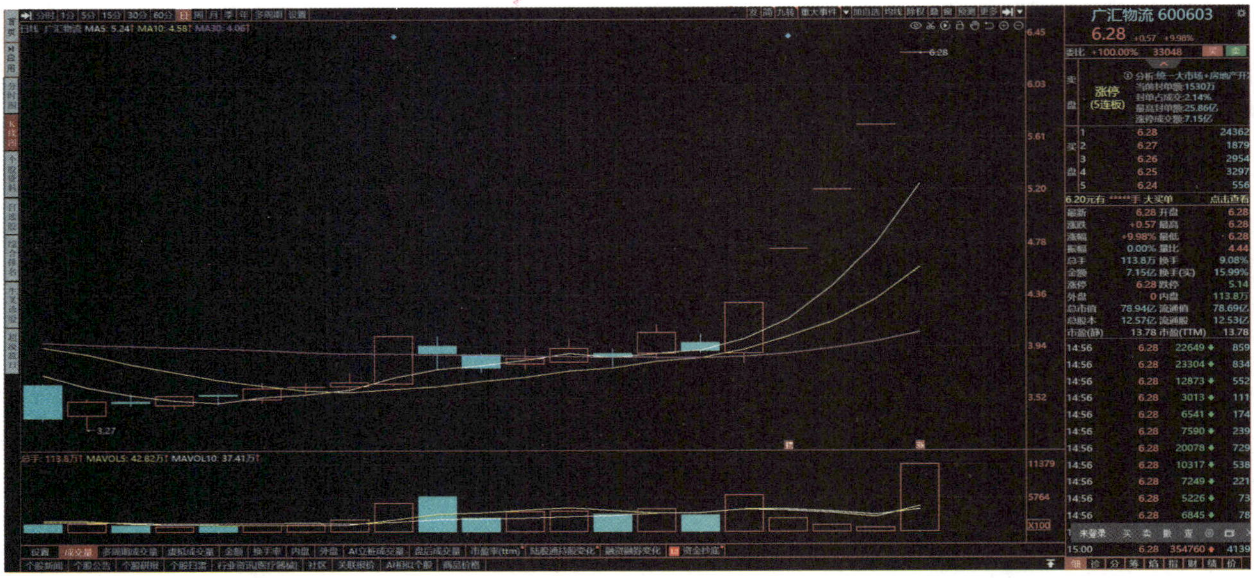

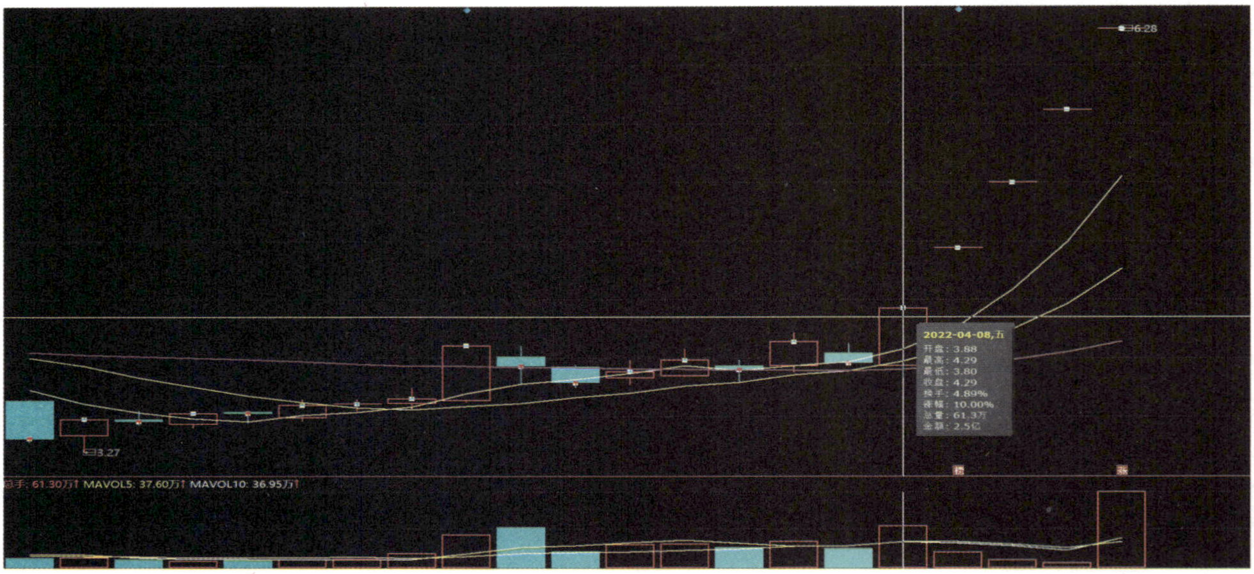

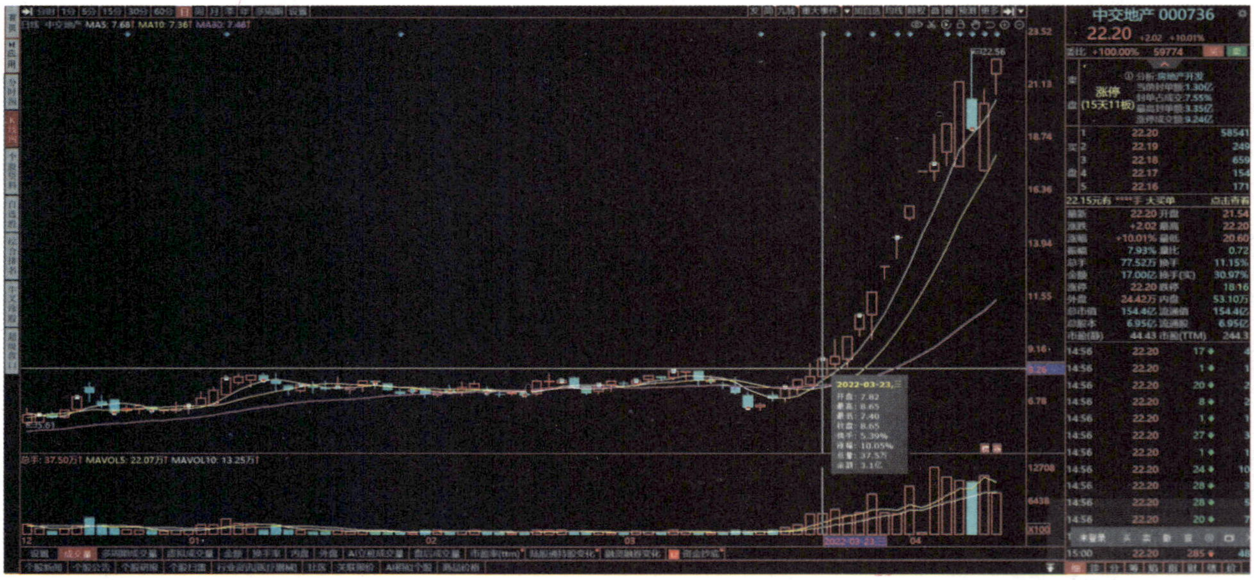

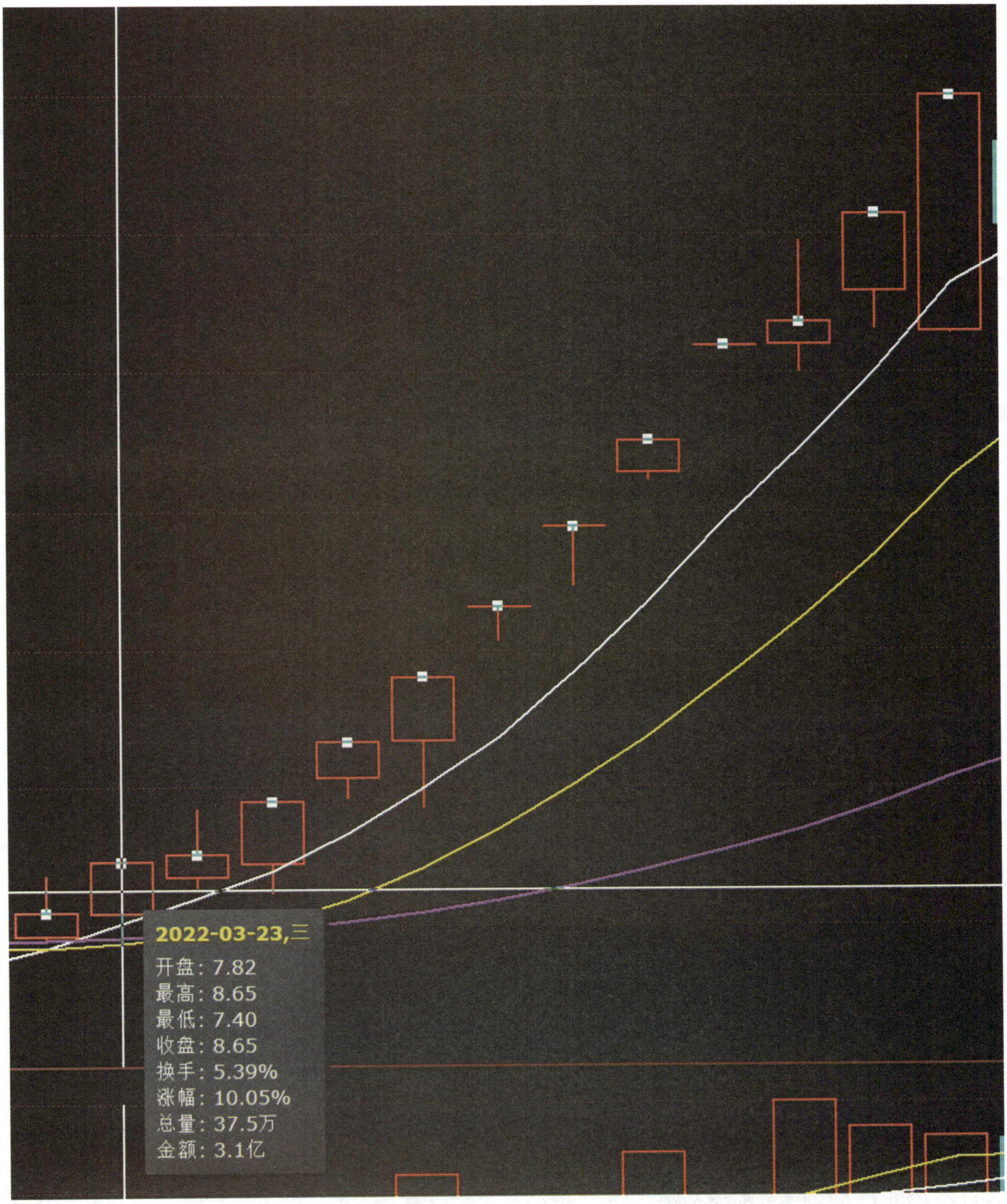
2022-03-23,三
开盘：7.82
最高：8.65
最低：7.40
收盘：8.65
换手：5.39%
涨幅：10.05%
总量：37.5万
金额：3.1亿

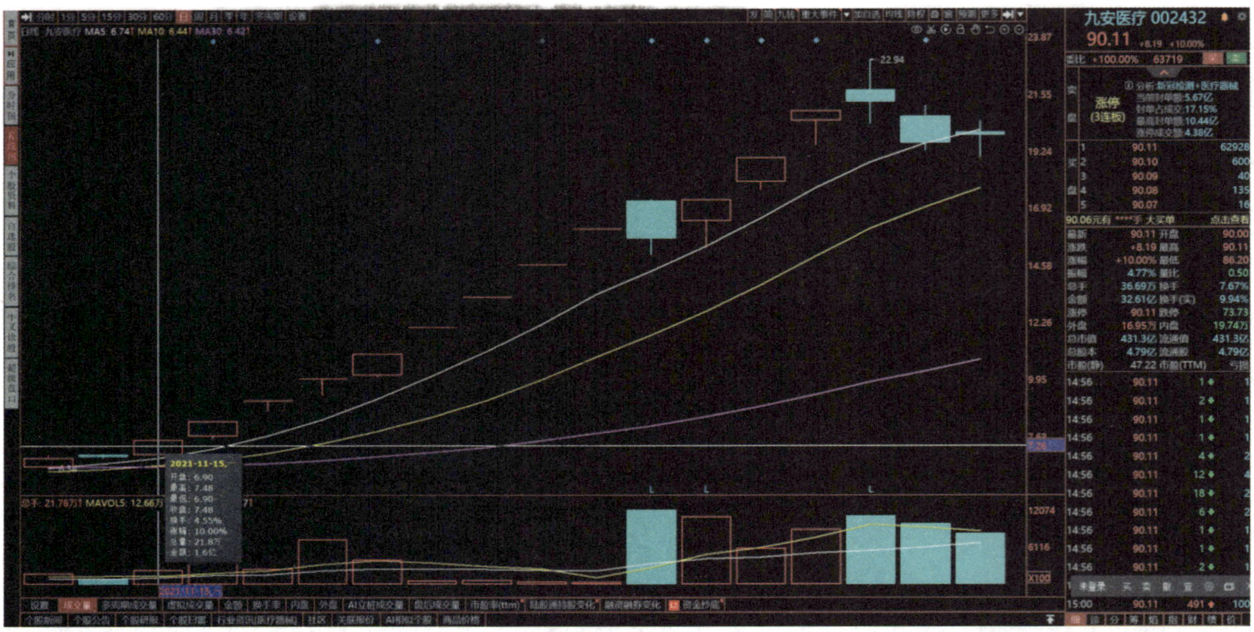

提示：涨停板是多空双方最准确的攻击信号，是所有黑马的摇篮，是龙头股的发源地。

5. 以涨停价格站上5日均线。

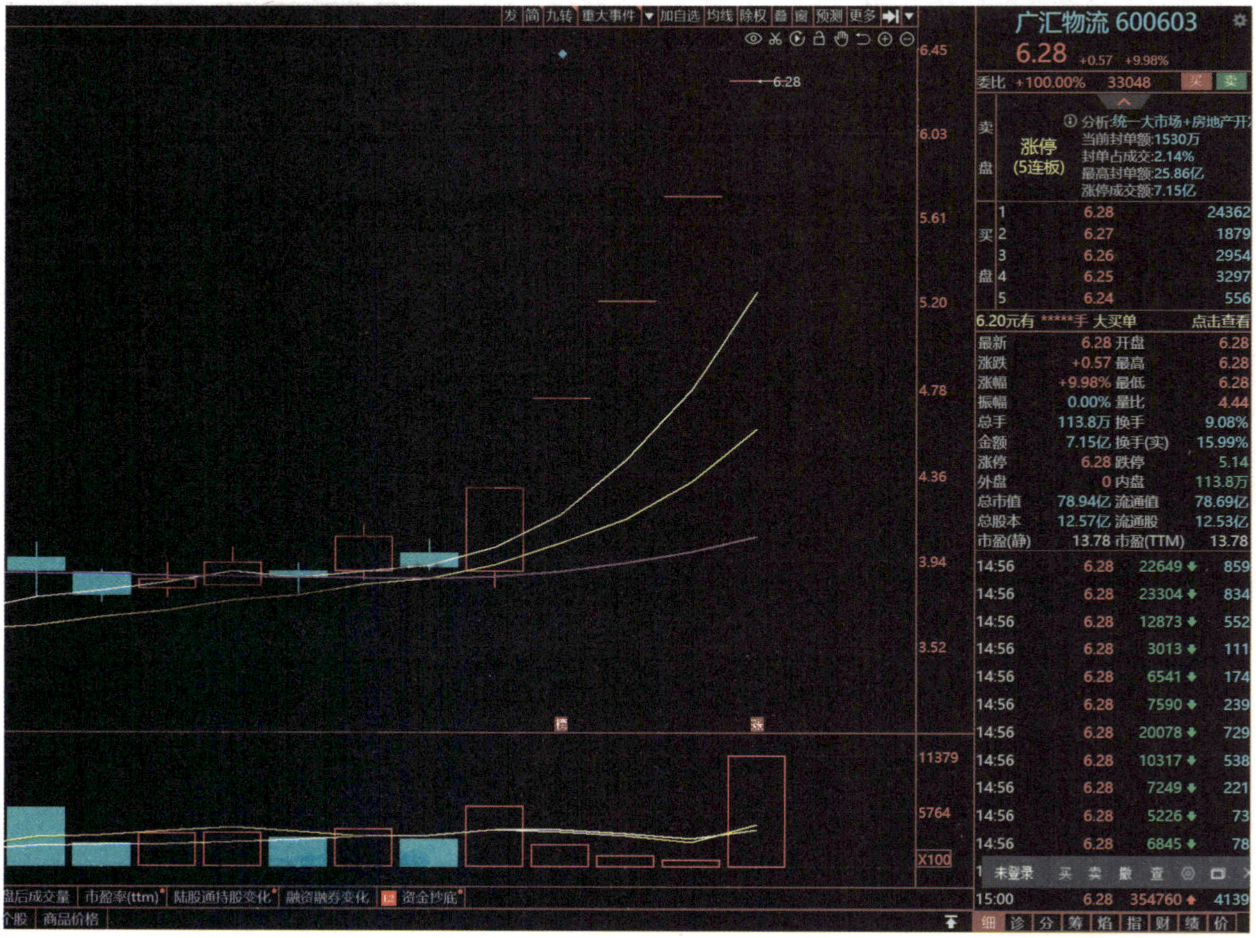

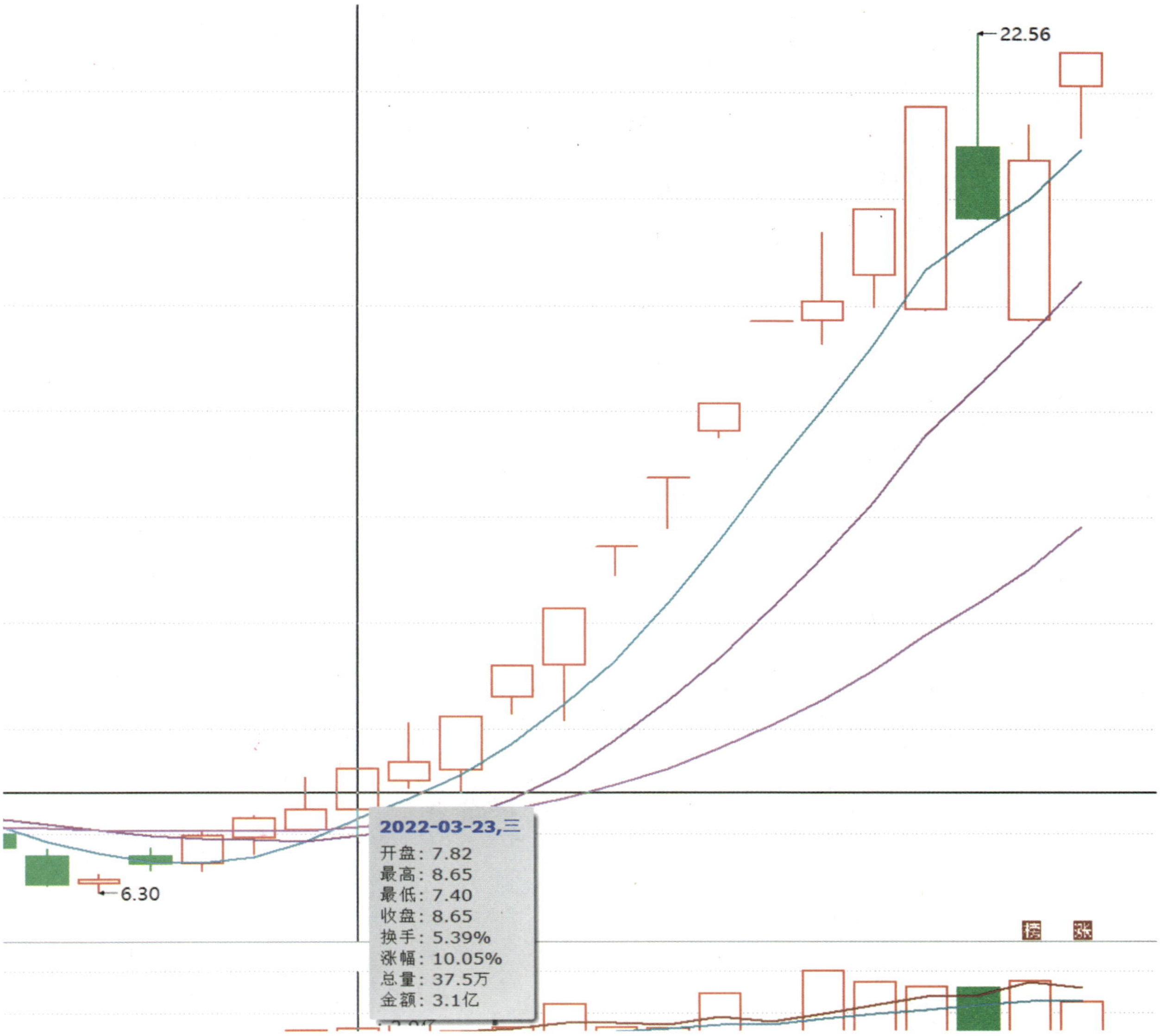

6. 5日、10日、20日均线多头排列。

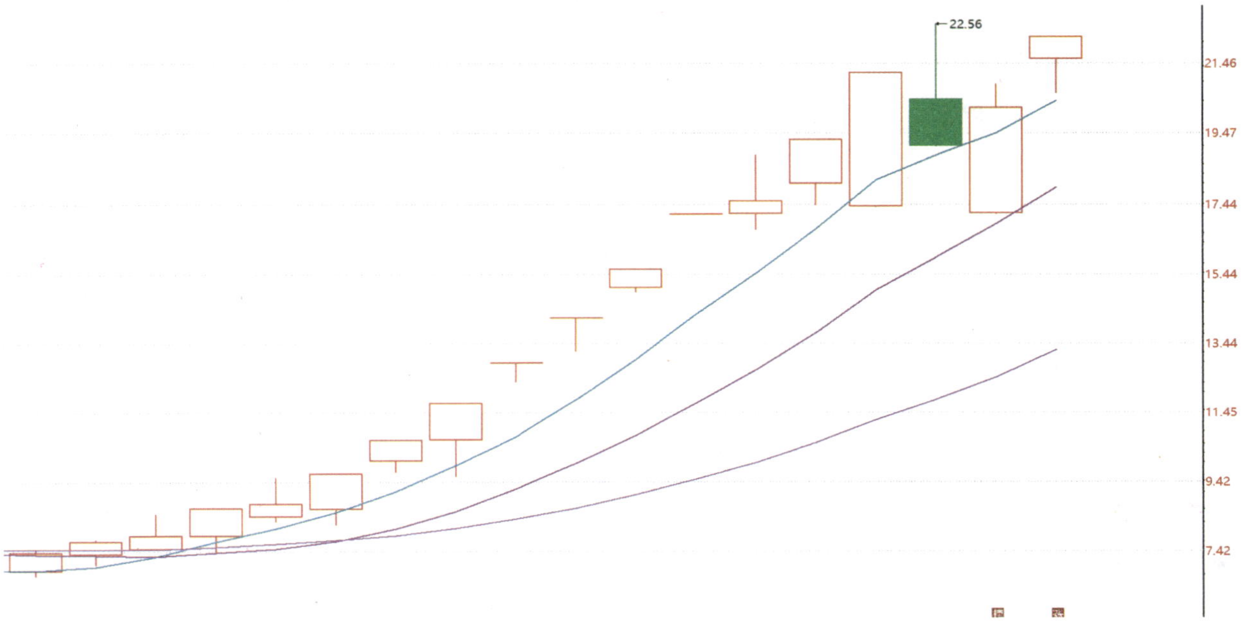

7. 启动时成交量一定要放量。

【i问财】搜索：股价在10元以下；涨停；站上5日均线；放量；5日、10日、20日均线呈多头排列。

战 法 笔 记

战法18 双指标妖股战法

一、战法概述

1. 两个指标选出黑马，专门为散户打造的方法。

2. MACD指标全称指数平滑异同移动平均线，是基于均线的构造原理，对收盘价进行平滑处理后的一种趋向类指标。

3. KDJ指标利用价格波动的波幅来反映当前价格的强弱程度，以及是否有超买超卖现象，为交易者选择交易方向提供帮助。

这里需要对KDJ的参数做一定修改，如图所示。

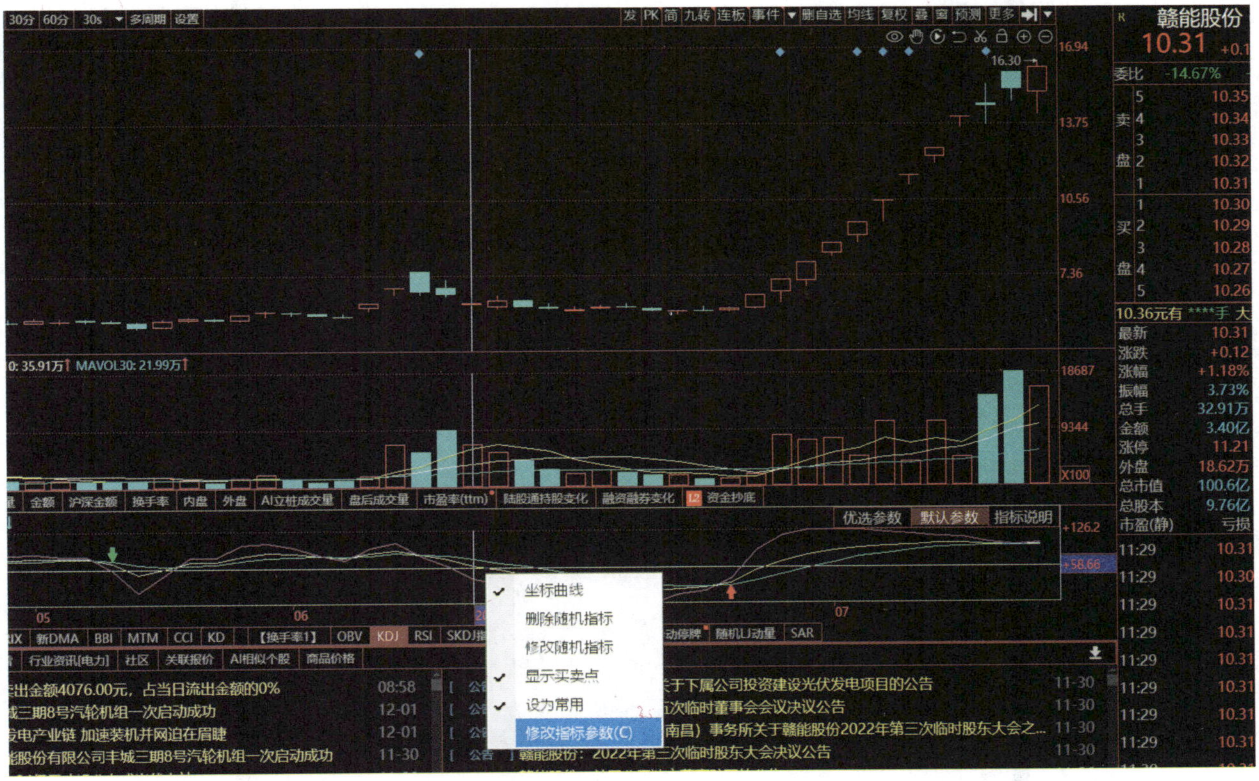

选择KDJ指标之后，点击鼠标右键，选择下面的修改指标参数，如图所示。

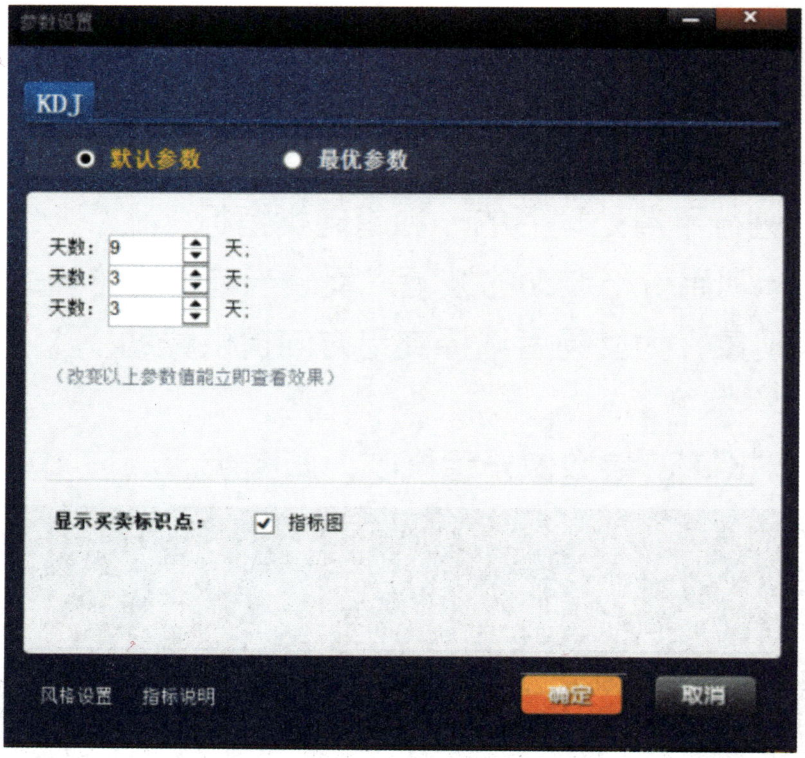

将参数中的9、3、3改为60、20、5，如图所示。

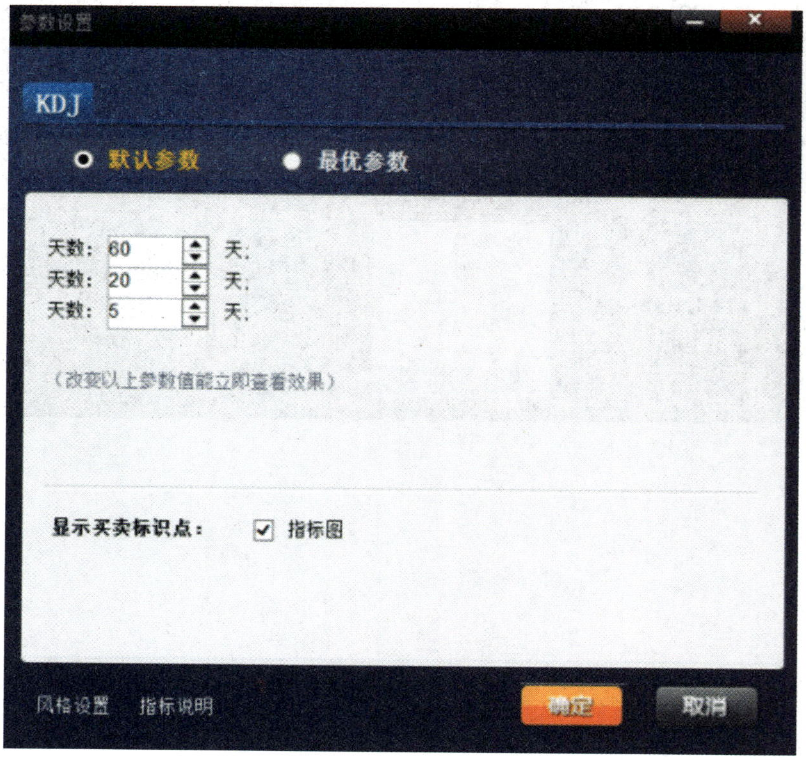

这样可以过滤掉一些无效波动。

二、操作分解

1. 打开【i问财】输入下面的条件，搜索股票：

1）MACD大于0。

2）KDJ金叉向上。

3） 股价在20日均线之上。

4）股价小于6元。

5）非ST；非*ST。

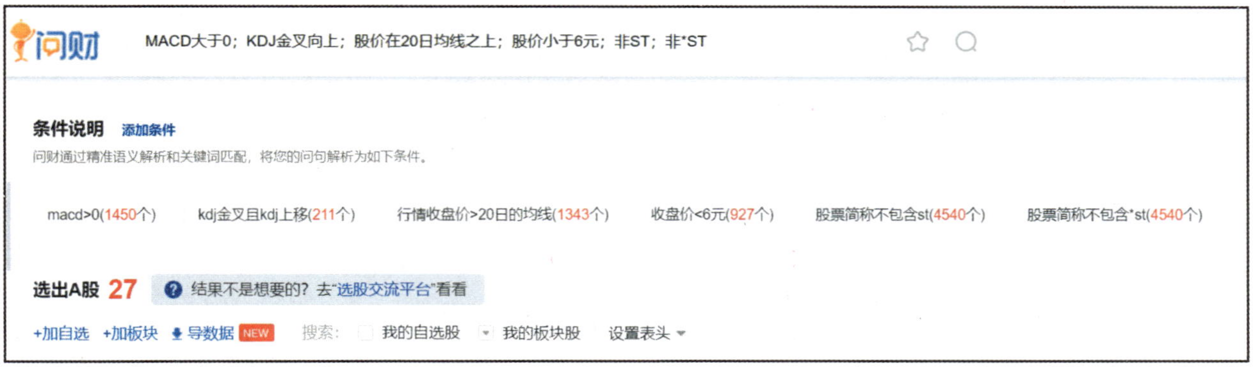

2. 选出股票之后，叠加近期的热门题材，成功率会更高。

战 法 笔 记

战法19 SAR：抛物线指标的主升浪

一、指标概述

SAR指标又称抛物线指标或停损点转向指标，它最大的优异之处就在于它会告诉你什么时候应当守候，什么时候应该主动出击，哪些时刻应当选择做多，哪些时刻应当果断做空。

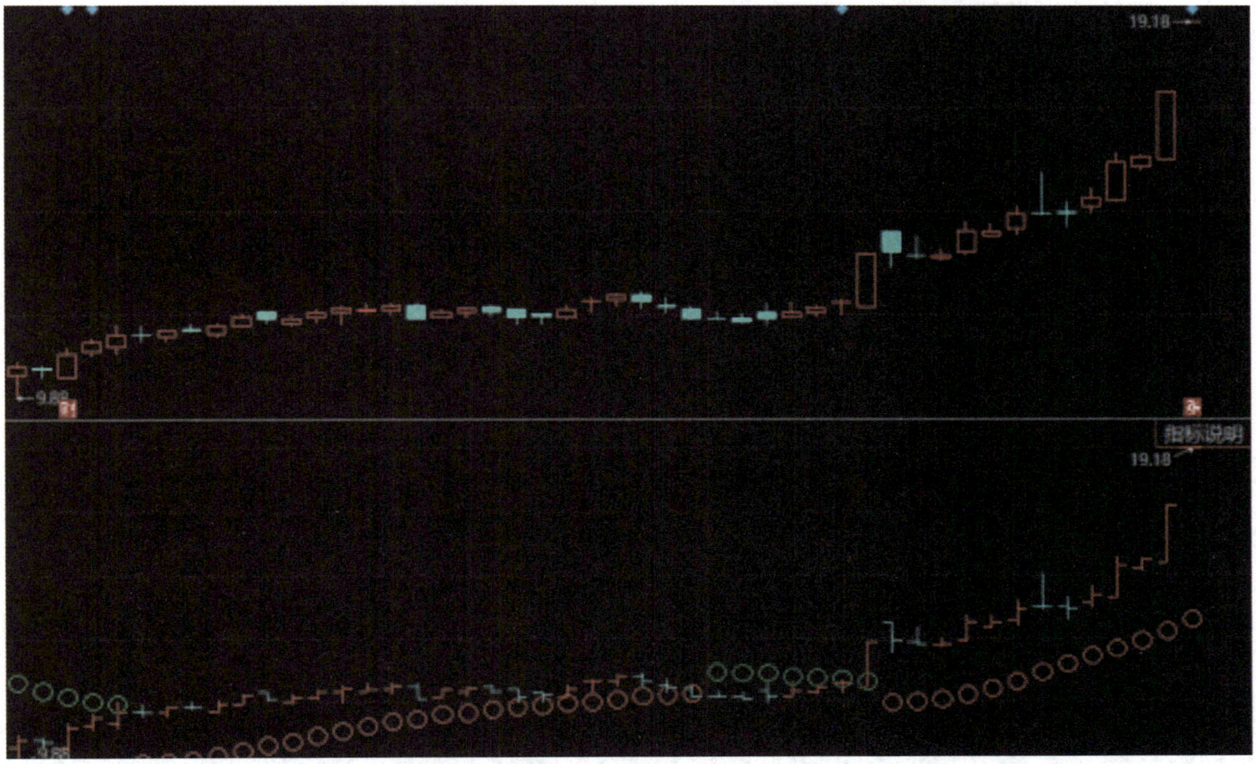

K原始指标参数：4,2,2,20

K升级指标参数：4,2,2,6

进场方式：当绿圆转为红圆，主力进场，可尝试建仓。

离场方式：当红圆转为绿圆，主力离场或洗盘，可暂时离场。

优势：不会被套，不会错过大趋势。

作用：发现抄底逃顶信号，满足买卖规则可直接进行操作。

二、操作分解

1. 当股价从SAR曲线下方开始向上突破SAR曲线时，为买入信号，预示着股价一轮上升行情已经展开，投资者应迅速及时地买入股票。
2. 当股价从SAR曲线上方开始向下跌破SAR曲线时，为卖出信号，预示着股价一轮下跌行情已经展开，投资者应迅速及时地卖出股票。
3. 股价处于上升趋势或下降趋势时，如果只出现5个以下的红圆圈，则不能构成单一的买进信号，必须配合其他指标来判断；反之，少于5个绿圆圈也不构成卖出信号。

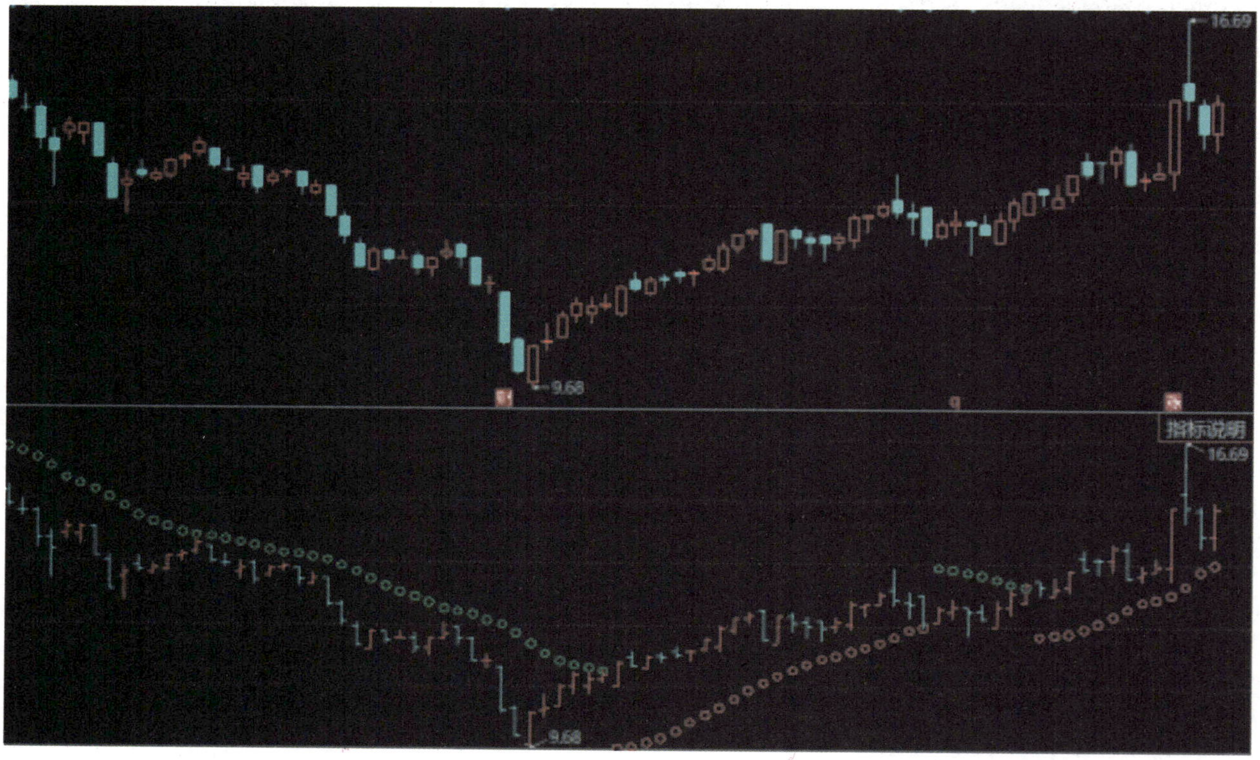

战 法 笔 记

战法20 可转债三步成妖战法

一、战法概述

1. 发行规模小的可转债。
2. 发行时间短。对于持股5%以上的股东，如果参与可转债配售，6个月内不能卖出。这种情况下，主力在吸筹拉升过程中，就不会遇到大规模的抛售，可转债价格就更加容易被拉升。
3. 股东配售比例。公司股东对于可转债后期上涨有强大的信心，才会要求公司加大股东配售比例。

二、操作分解

1. 发行规模小的可转债，发行规模5个亿以内。
   1）打开集思录网站。
   2）打开实时数据栏。
   3）找到发行规模小于5个亿的转债（剩余规模）。

可转债　强赎　下修　回售　藏宝图　待发转债　最新公告　已退市转债　去经典版

转债等权指数：2035.697↑　6.430　0.32%
平均价格 134.128　转股溢价率 46.53%　到期收益率 -3.36%

可转债(手动刷新　30秒自动刷新)　讨论与反馈　仅看自选　仅看持仓　代码/名称/拼音　数量:30个　规模:746.48亿

行号	操作	代码	转债名称	现价	涨跌幅	正股代码	正股名称	正股价	正股涨跌	正股PB	转股价	转股价值	转股溢价率	双低	纯债价值	评级	期权价值	正股波动率	回售触发价	强赎触发价	转债流通市值占比	基金持仓	到期时间	剩余年限	剩余规模(亿元)
1	+	113064	东材转债	100.000	0.00%	601208	东材科技R	12.77	2.74%	3.01	11.75	108.68	-7.99%	92.01	会员	AA	增强	会员	8.23	15.28	12.30%	会员	28-11-15	5.959	14.000
2	+	111010	立昂转债	100.000	0.00%	605358	立昂微R	47.02	0.81%	4.01	45.38	103.61	-3.48%	96.52	会员	AA	增强	会员	31.77	58.99	14.30%	会员	28-11-13	5.953	33.900
3	+	127077	华宏转债	100.000	0.00%	002645	华宏科技R	15.95	-2.09%	2.39	15.65	101.92	-1.88%	98.12	会员	AA-	增强	会员	10.96	20.35	6.80%	会员	28-12-01	6.000	5.150
4	+	113664	大元转债	100.000	0.00%	603757	大元泵业	23.58	0.68%	2.83	23.18	101.73	1.70%	98.30	会员	AA-	增强	会员	16.23	30.13	11.50%	会员	28-12-05	6.003	4.500
5	+	118028	会通转债	100.000	0.00%	688219	会通股份R	9.38	2.96%	2.60	9.33	100.54	-0.54%	99.46	会员	AA-	增强	会员	6.53	12.13	27.80%	会员	28-12-05	6.000	8.300
6	+	123171	共同转债	100.000	0.00%	300966	共同药业R	27.05	0.33%	3.75	27.14	99.67	0.33%	100.33	会员	A+	增强	会员	19.00	35.28	23.80%	会员	28-11-27	5.992	3.800
7	+	123167	商络转债	100.000	0.00%	300975	商络电子R	6.85	0.15%	2.57	6.93	98.85	1.16%	101.16	会员	A+	增强	会员	4.85	9.01	19.10%	会员	28-11-16	5.962	3.965
8	+	113660	寿22转债	100.000	0.00%	603896	寿仙谷	37.64	-0.55%	4.40	38.08	98.84	1.17%	101.17	会员	AA-	增强	会员	26.66	49.50	5.40%	会员	28-11-16	5.962	3.980
9	+	113663	新化转债	100.000	0.00%	603867	新化股份R	31.85	3.31%	3.18	32.41	98.27	1.76%	101.76	会员	AA-	增强	会员	22.69	42.13	11.10%	会员	28-11-27	5.992	6.500
10	+	113661	福22转债	100.000	0.00%	603806	福斯特R	63.63	3.97%	6.34	65.07	97.79	2.26%	102.26	会员	AA	增强	会员	45.55	84.59	3.60%	会员	28-11-21	5.975	30.300
11	+	123169	正海转债	100.000	0.00%	300224	正海磁材R	12.88	-0.23%	3.38	13.23	97.35	2.72%	102.72	会员	AA-	增强	会员	9.26	17.20	13.40%	会员	28-11-22	5.978	14.000
12	+	123168	惠云转债	100.000	0.00%	300891	惠云钛业R	10.37	-0.19%	3.19	10.80	96.02	4.14%	104.14	会员	AA-	增强	会员	7.56	14.04	20.50%	会员	28-11-22	5.978	4.900

剩余规模(亿元)
14.000
33.900
5.150
4.500
8.300
3.800
3.965
3.980
6.500
30.300

2. 发行时间短，发行时间6个月以内。

1）打开集思录网站。

2）打开实时数据栏。

3）找到剩余年限大于5.5年的转债。

剩余年限
6.000
5.997
5.986
5.986
5.984
5.967
5.962
5.956

3. 股东配售比例大于60%。

1）打开集思录网站。

2）打开实时数据栏。

3） 打开待发转债。

4） 找到股东配售比例大于60%的可转债。

代码	名称	方案进展	进展公告日	发行规模(亿元)	类型	评级	股东配售率	转股价	正股价	正股涨幅	正股现价比转股价	正股PB	百元股票含权(元)	每股配售(元)	配售10张所需股数	股权登记日	网上规模(亿元)	中签率	单账户中签(顶格)
601878 113060	浙商证券 R 浙22转债	2022-07-08上市	2022-07-08	70.00	可转债	AAA	81.000%	10.49	10.85	-0.91%	103.43%	1.742	16.29 2022-06-13	1.8040	555	2022-06-13	13.30	0.0118%	0.1177
688208 118013	道通科技 R 道通转债	2022-07-08申购 申购代码 718208	2022-07-08	12.80	可转债	AA	-	34.73	32.32	1.48%	93.06%	4.954	8.81 2022-07-07	2.8490	352	2022-07-07	-	-	-
002850 127066	科达利 科利转债	2022-07-08申购 申购代码 072850	2022-07-08	15.34	可转债	AA	-	159.35	179.00	5.11%	112.33%	8.892	3.66 2022-07-07	6.5545	153	2022-07-07	-	-	-
688321 118012	微芯生物 R 微芯转债	2022-07-05申购 申购代码 718321	2022-07-05	5.00	可转债	A+	56.140%	25.36	25.40	-2.35%	100.16%	7.328	4.69 2022-07-04	1.2280	815	2022-07-04	2.19	0.0019%	0.0191
688689 118011	银河微电 R 银微转债	2022-07-04申购 申购代码 718689	2022-07-04	5.00	可转债	A+	56.650%	31.95	29.52	-1.86%	92.39%	3.454	13.12 2022-07-01	3.8940	257	2022-07-01	2.17	0.0019%	0.0187
300869 123151	康泰医学 R 康医转债	2022-07-01申购 申购代码 370869	2022-07-01	7.00	可转债	A+	63.160%	28.22	28.83	-2.44%	102.16%	6.118	6.32 2022-06-30	1.7421	575	2022-06-30	2.58	0.0022%	0.0221

股东配售率
81.000%
-
-
56.140%
56.650%
63.160%

总结：同时符合三个条件的可转债才是需要的妖债，最后应结合当下大盘环境分仓操作。

战法笔记

战法21 量价反包战法

一、战法概述

1. 前一天K线所对应的KDJ指标中J值小于20，是买入信号。
2. 当日K线要上包前一天K线形成反包，成交量同样要反包住昨日的成交量。
3. 当日收出涨停阳线为最佳，并且收盘价要站上5日均线。

二、操作分解

1. 【i问财】搜索：KDJ的J值小于20；放量；涨停；收盘价站上5日均线。

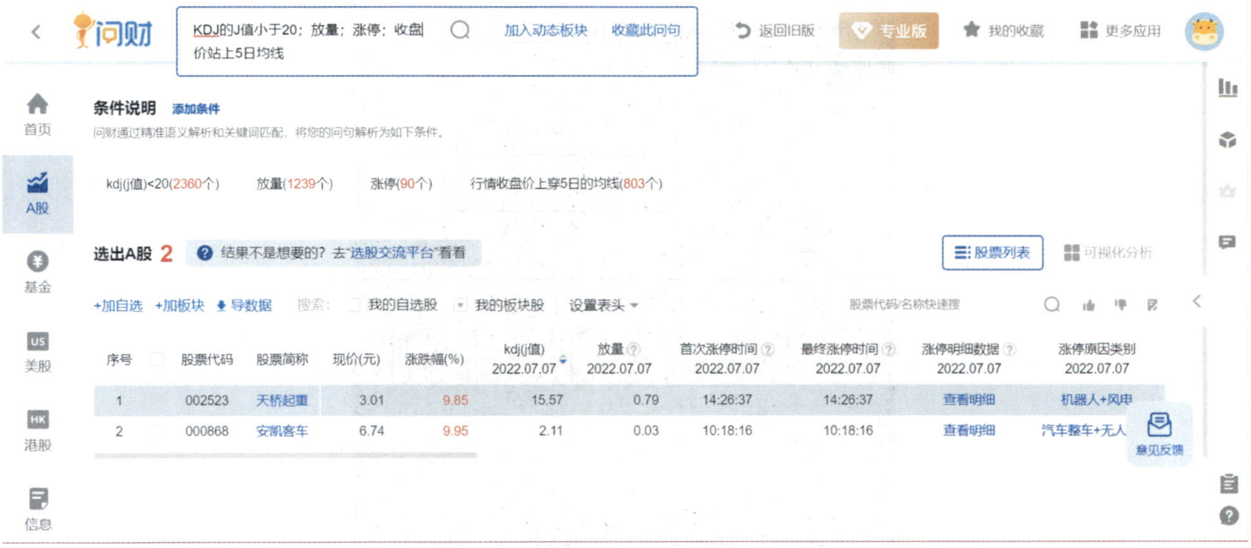

2. 根据量价八大口诀进一步筛选股票。

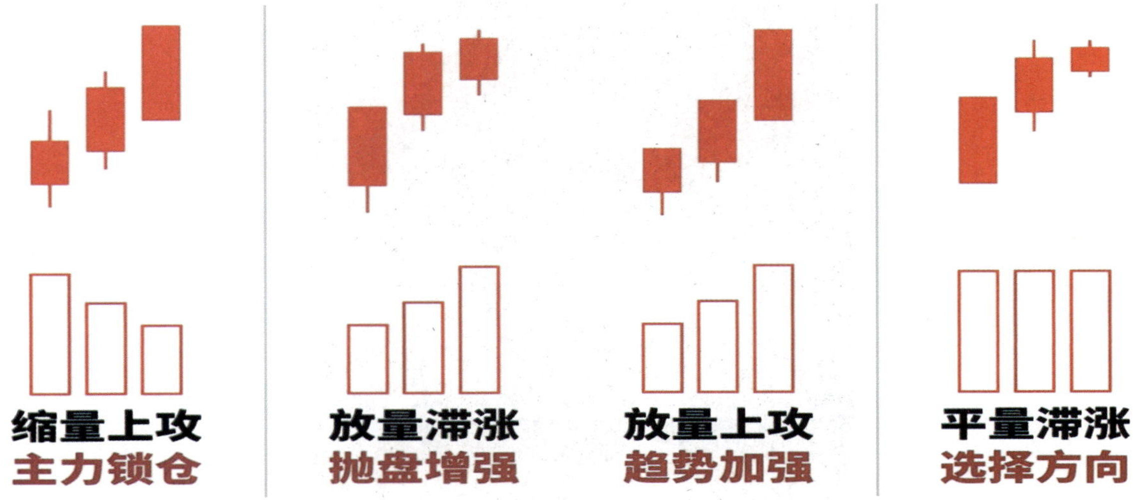

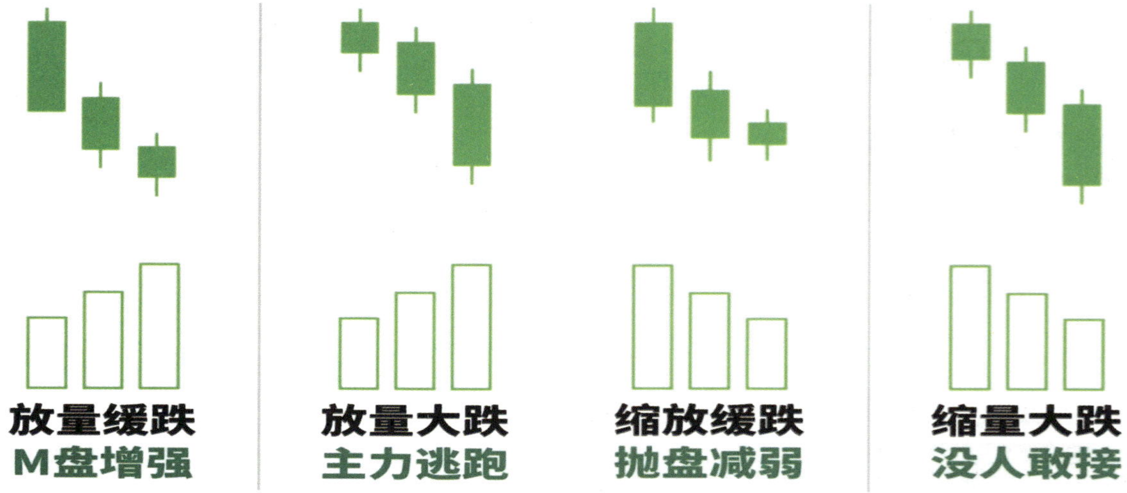

3. 最后筛选90%筹码集中度小于20%的个股。

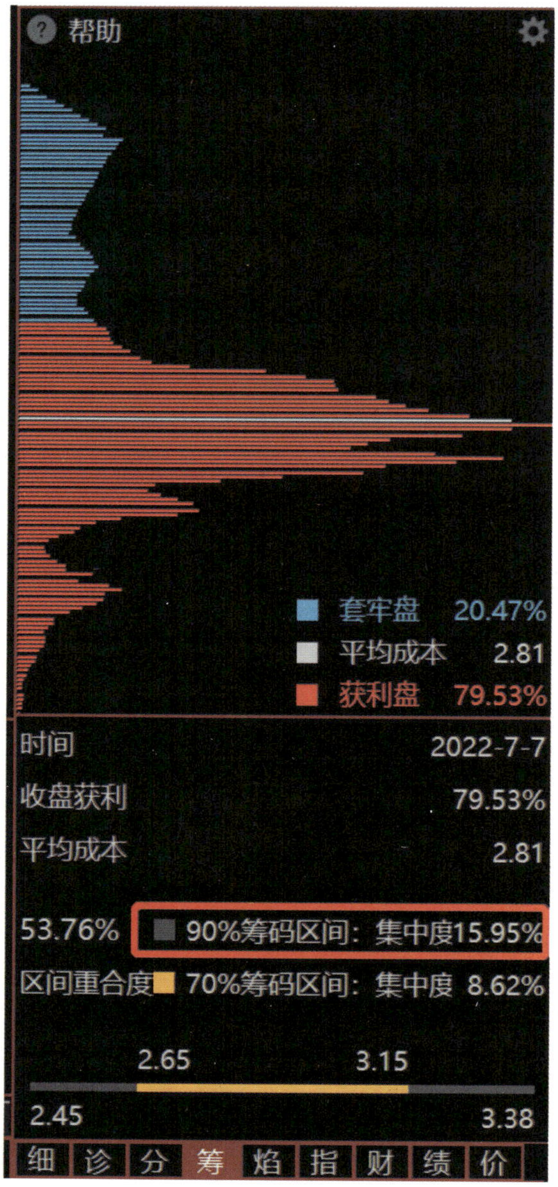

战法22 涨停三连阴低吸战法

一、战法概述

1. 第一天是涨停板。
2. 涨停之后第二天需要高开。
3. 涨停之后的三根阴线必须是小阴线，中间不能跌破涨停板的开盘价。
4. 三根阴线对应的成交量呈阶梯状缩量形态。

二、操作分解

1. 【i问财】搜索：近四个交易日有过涨停板；且第二天创新高；突破颈线。

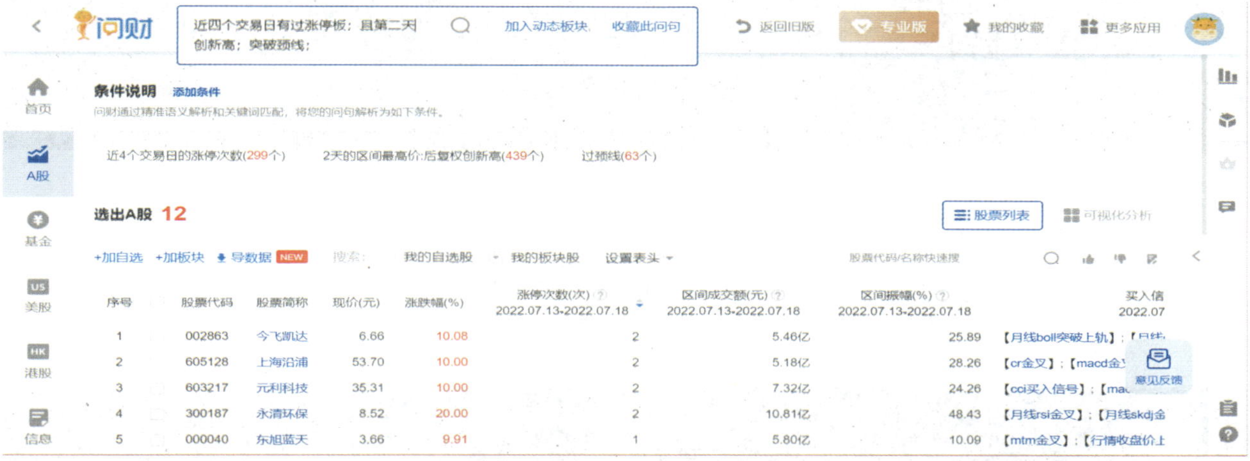

2. 第一天是涨停板，涨停板要缓慢上攻，不能一字涨停。

3. 涨停之后第二天需要高开。

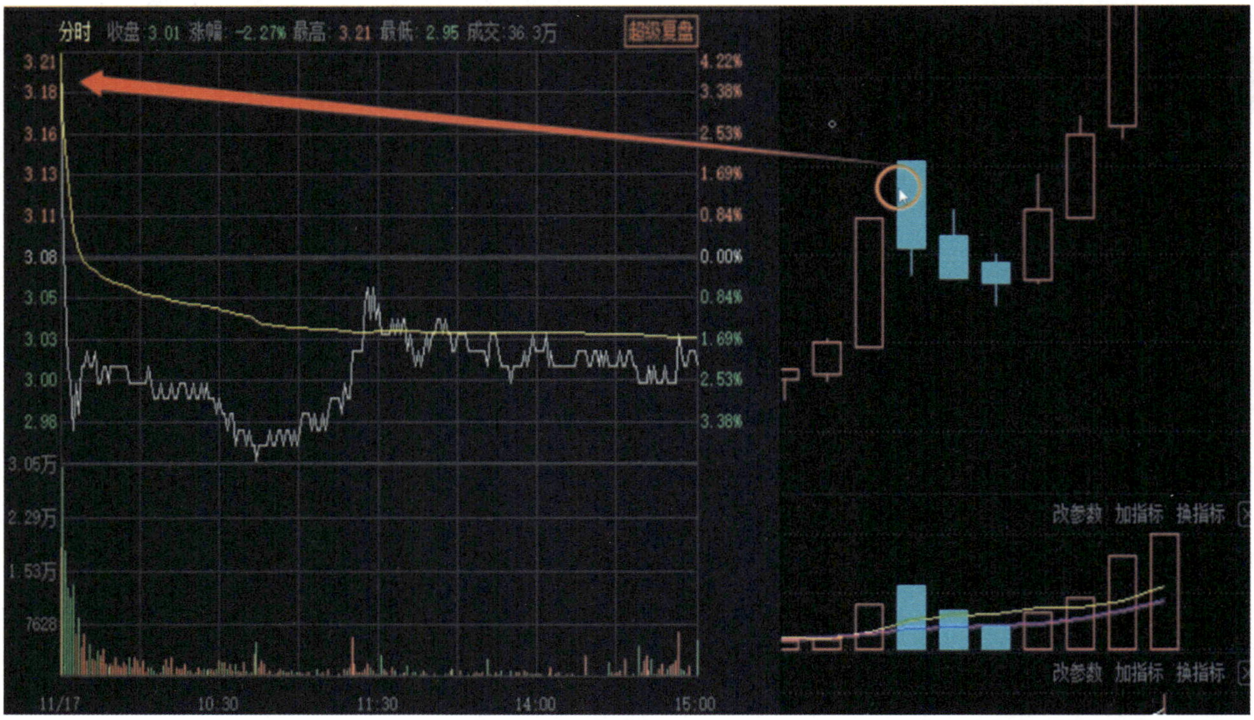

4. 涨停之后的三根阴线必须是小阴线，中间不能跌破涨停板的开盘价。三根阴线对应的成交量呈阶梯状缩量形态（如果第二天是小阳线，无论接下来是何种走势都不能操作）。

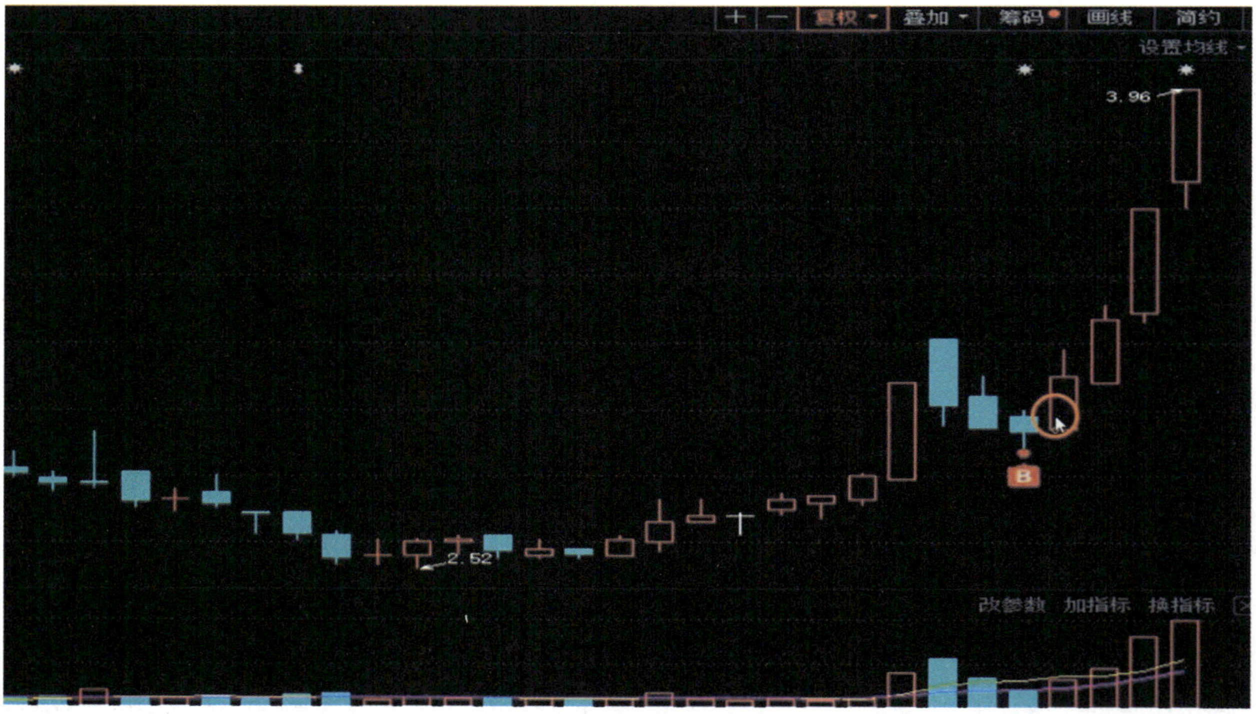

5. 入场：尾盘最后5分钟入场。

战法23 双阳定乾坤战法

一、战法概述

1. 涨停当天，相对前一天成交量是倍量涨停。
2. 涨停后洗盘阶段，成交量要逐步缩量。
3. 洗盘完成后再次出现涨停板。
4. 双阳之间洗盘间隔5个交易日左右。
5. 第二个涨停板要高于第一个涨停板阳线实体位置。

二、操作分解

1. 涨停当天，相对前一天成交量是倍量涨停。因为股票启动前走势一般属于横盘整理，成交量也会相对低迷，放出倍量涨停为启动信号。

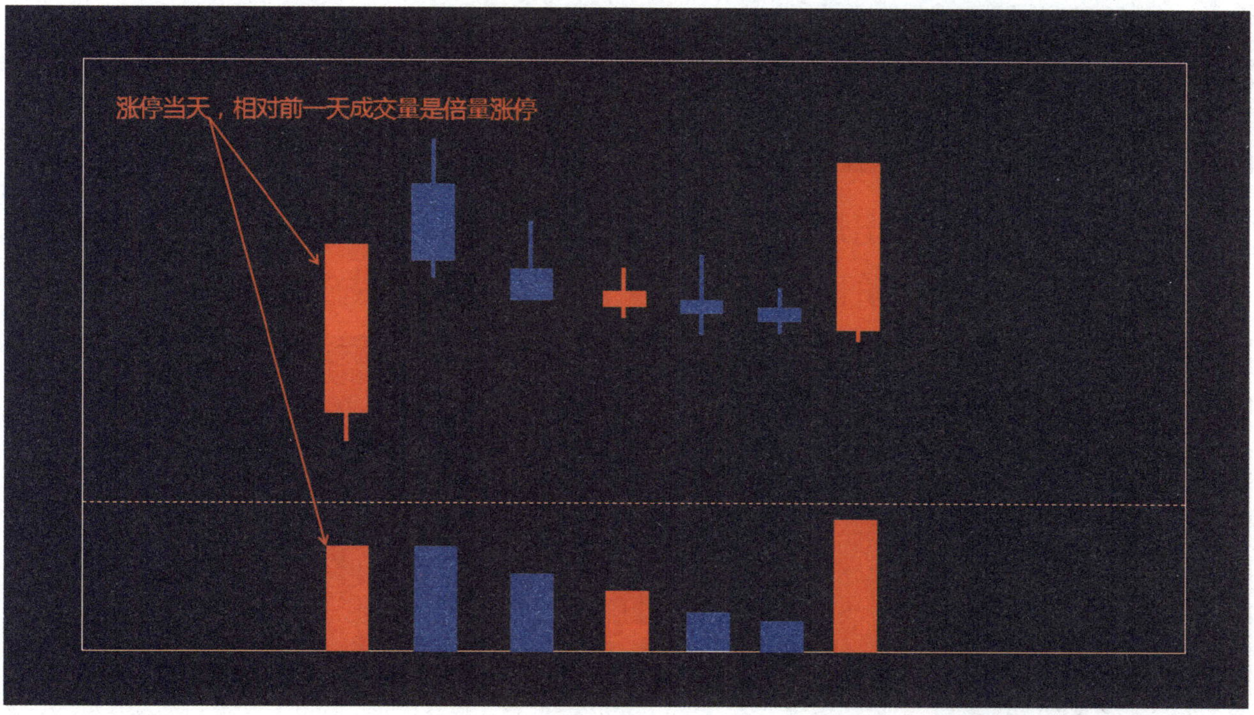
涨停当天，相对前一天成交量是倍量涨停

2. 涨停后洗盘阶段。成交量逐步缩量。因为主力在倍量这天介入后并不想立即启动上涨行情，这时候会有个洗盘的动作。但是主力没有卖出，所以成交量就会显示缩量，让前期的套牢盘和刚介入的短线资金自己交出筹码。

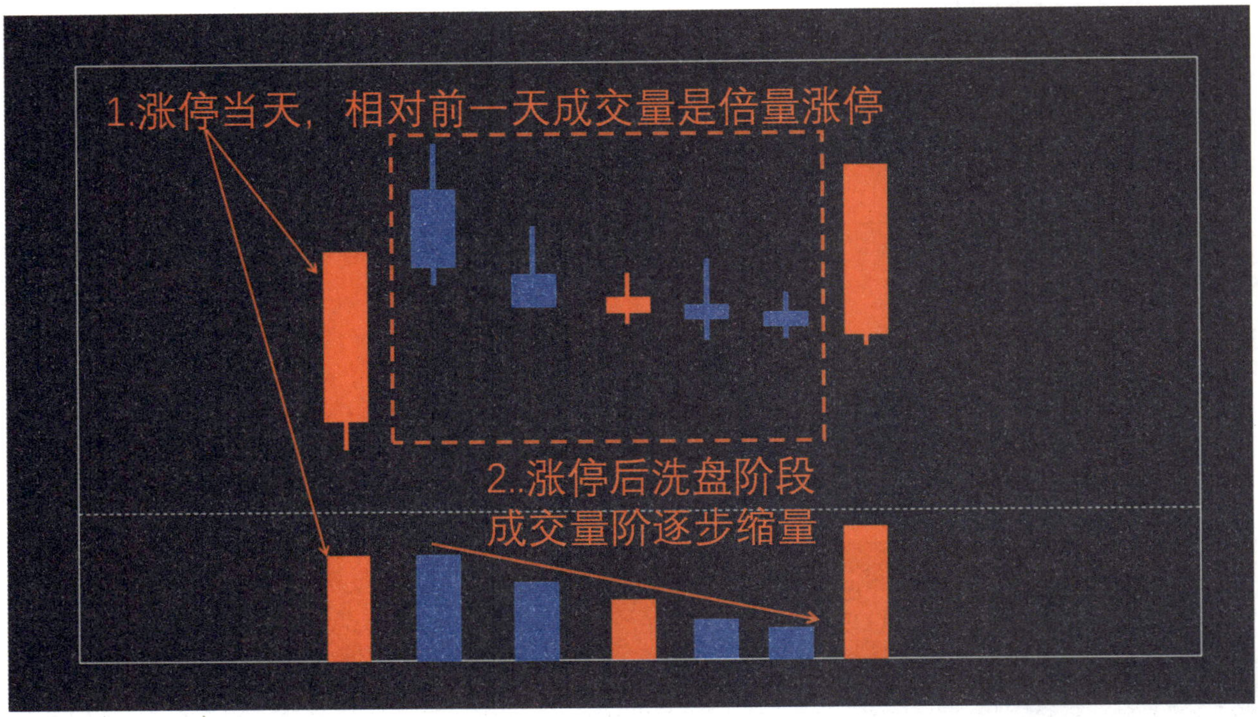

1.涨停当天，相对前一天成交量是倍量涨停
2..涨停后洗盘阶段
成交量阶逐步缩量

3. 洗盘完成后再次出现涨停板。主力收集到足够的筹码之后再次启动，股价进入主升浪阶段，所以这个涨停板是启动主升的信号。

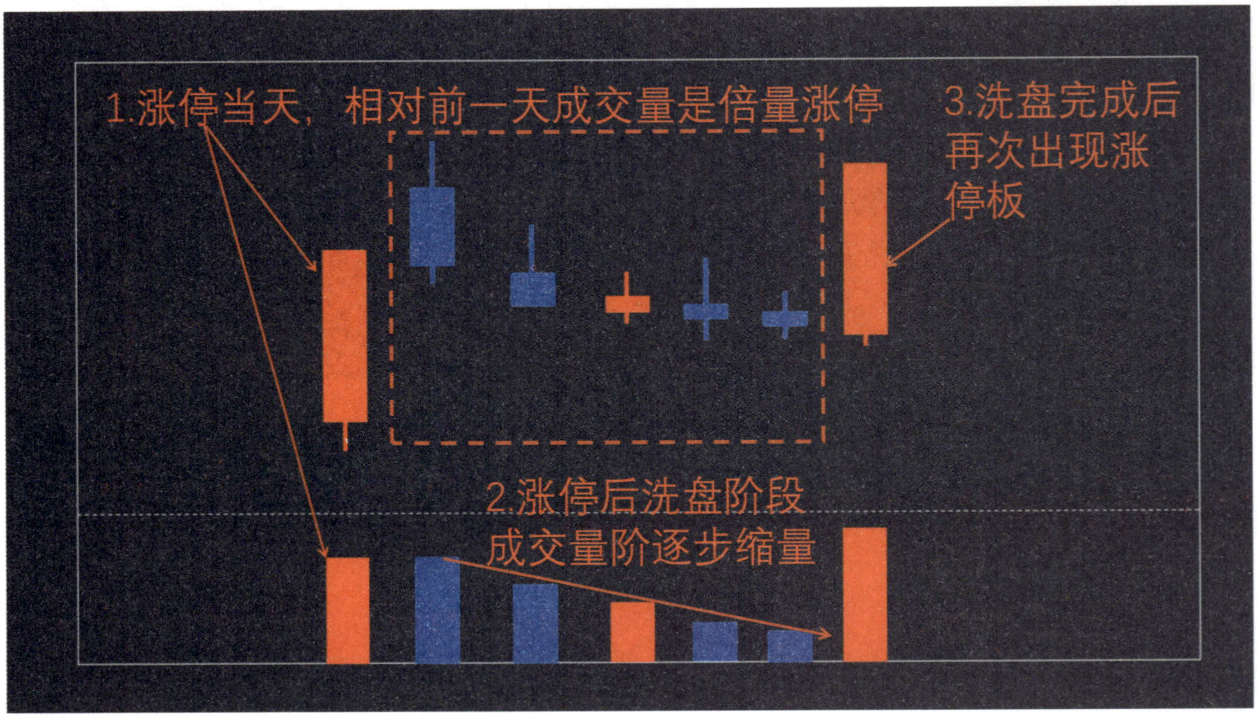

1.涨停当天，相对前一天成交量是倍量涨停
3.洗盘完成后再次出现涨停板
2.涨停后洗盘阶段
成交量阶逐步缩量

4. 双阳之间洗盘间隔5个交易日左右。洗盘时间太短的话，主力收集不够筹码，太长的话容易丧失人气，或者导致趋势走坏。

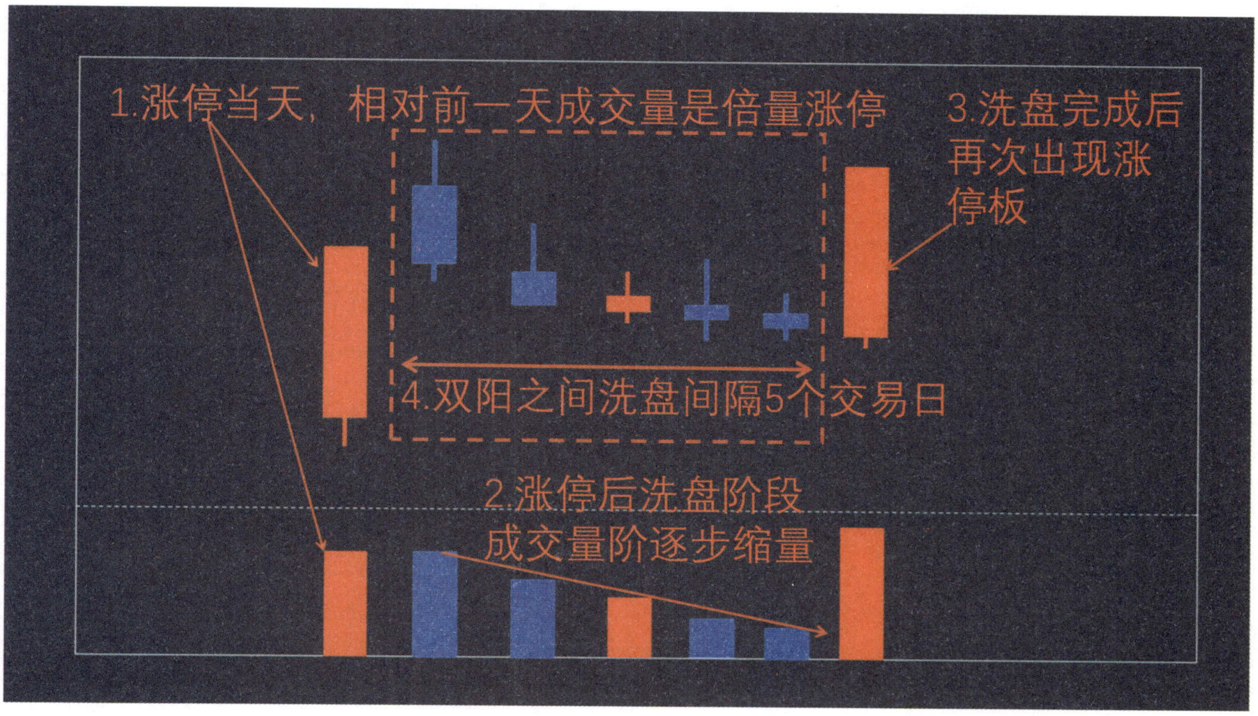

1.涨停当天，相对前一天成交量是倍量涨停
3.洗盘完成后再次出现涨停板
4.双阳之间洗盘间隔5个交易日
2.涨停后洗盘阶段成交量阶逐步缩量

5. 第二个涨停板要高于第一个涨停板阳线实体位置。因为主力的最高成本价就是第一个涨停位置的涨停价，后面的涨停启动板一旦超过第一个涨停板，则把近期被套的资金全部解套，表现出主力拉升的决心和实力。

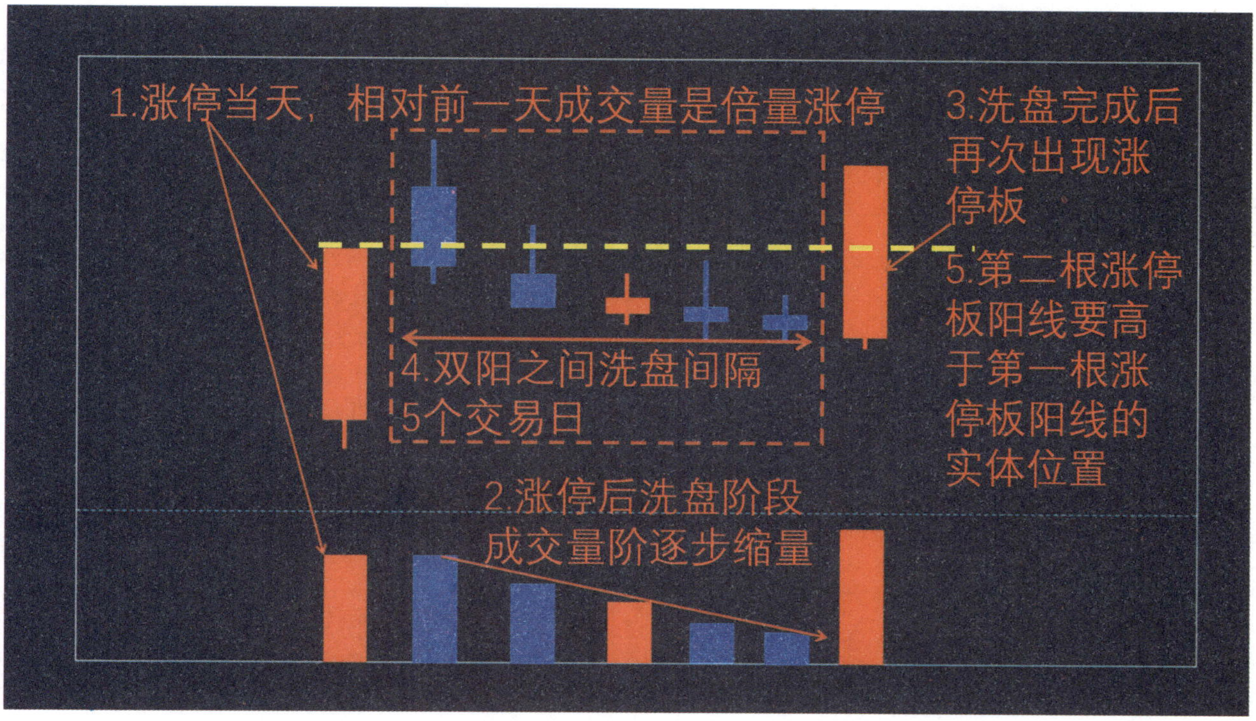

1.涨停当天，相对前一天成交量是倍量涨停
3.洗盘完成后再次出现涨停板
5.第二根涨停板阳线要高于第一根涨停板阳线的实体位置
4.双阳之间洗盘间隔5个交易日
2.涨停后洗盘阶段成交量阶逐步缩量

战法笔记

战法24　三连阴涨停战法

一、战法概述

1. 涨停板不可以是一字板、T字板。
2. 涨停次日见高价。
3. 真实阴线，连续缩量。
4. 此时大阳线反包缩量阴线为买入信号。

二、操作分解

1. 实体板的涨停可以在拉升的过程中吸引场外资金的关注，此时追涨的短线资金就可以帮助主力一起拉升。

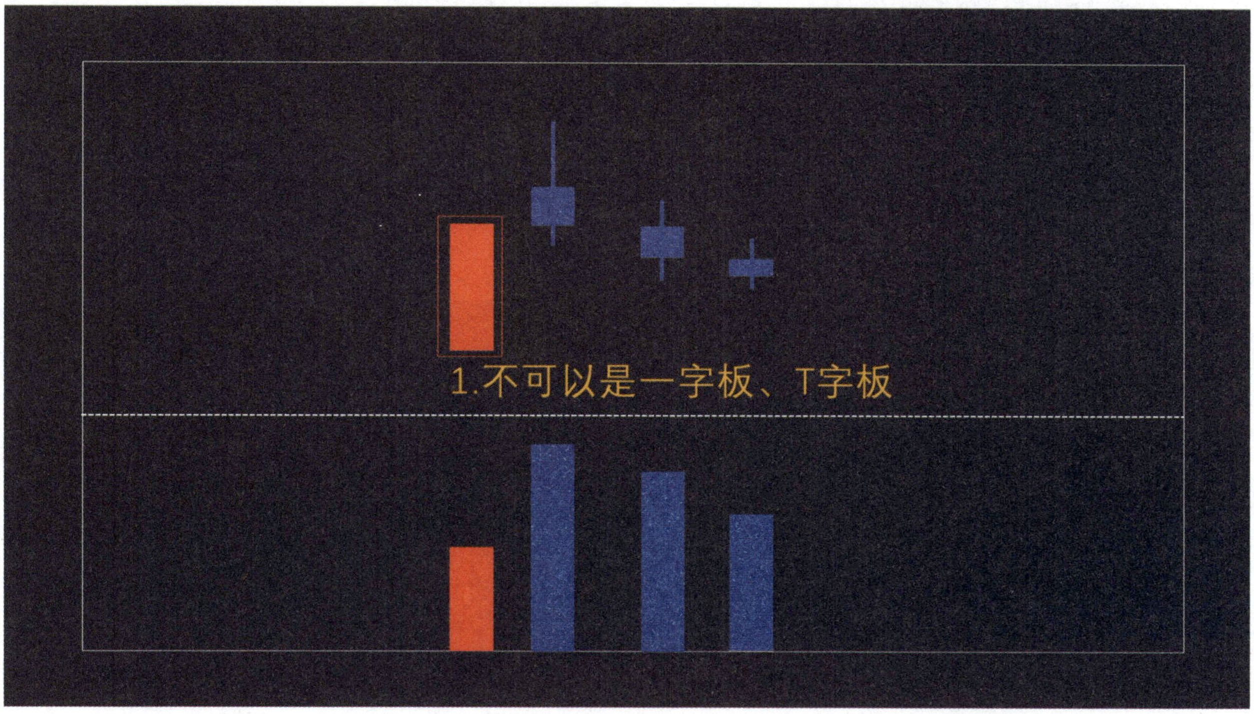
1.不可以是一字板、T字板

2. 涨停次日出现冲高回落，这时候可以让短线资金获利出局，积累一定的人气，也让前期的套牢盘减亏出局。

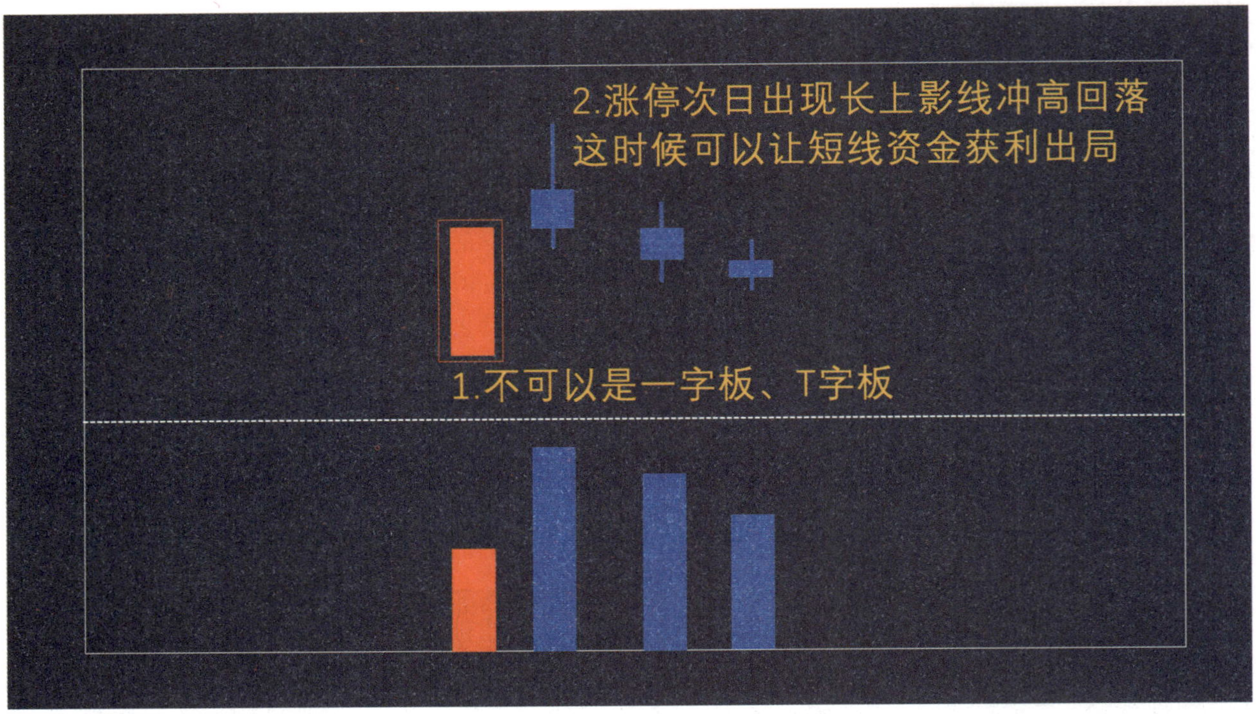

2.涨停次日出现长上影线冲高回落
这时候可以让短线资金获利出局
1.不可以是一字板、T字板

3. 缩量实体阴线，说明不是主力大单砸跌停，而是出于散户自发的行为。股价自由回落，为主力洗盘概率偏大。

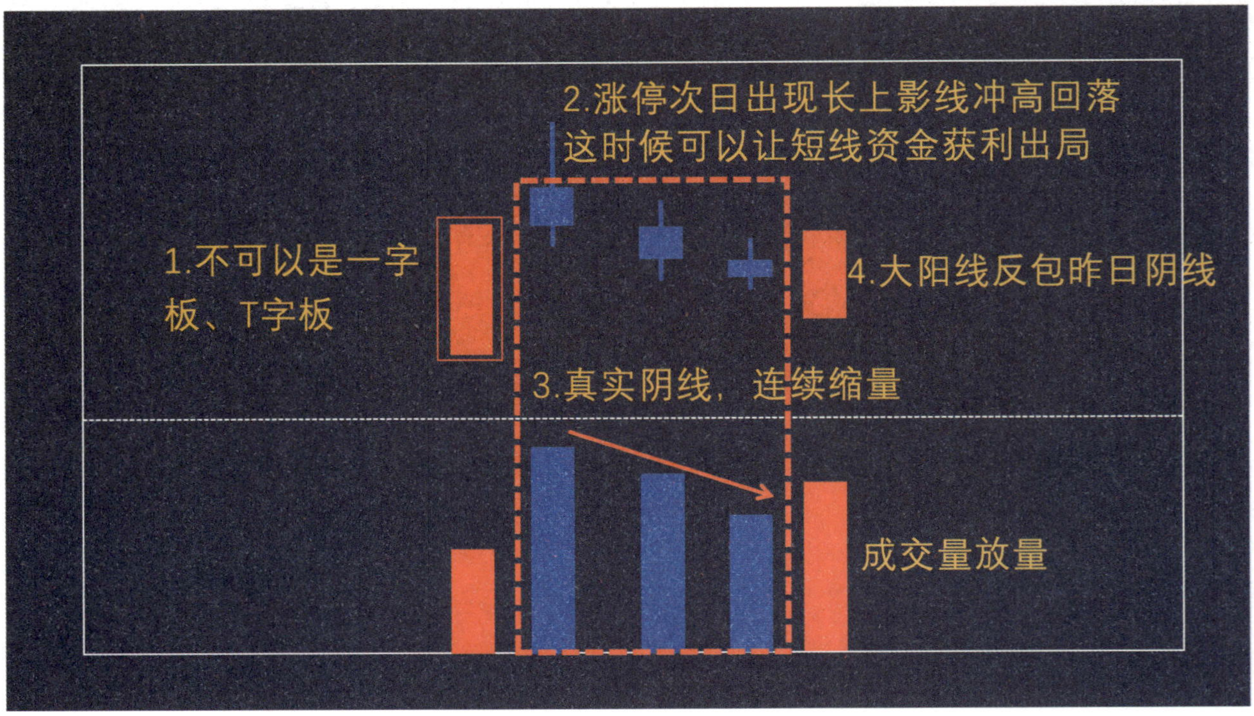

2.涨停次日出现长上影线冲高回落
这时候可以让短线资金获利出局
1.不可以是一字板、T字板
4.大阳线反包昨日阴线
3.真实阴线，连续缩量
成交量放量

4. 此时大阳线反包缩量阴线为买入信号。

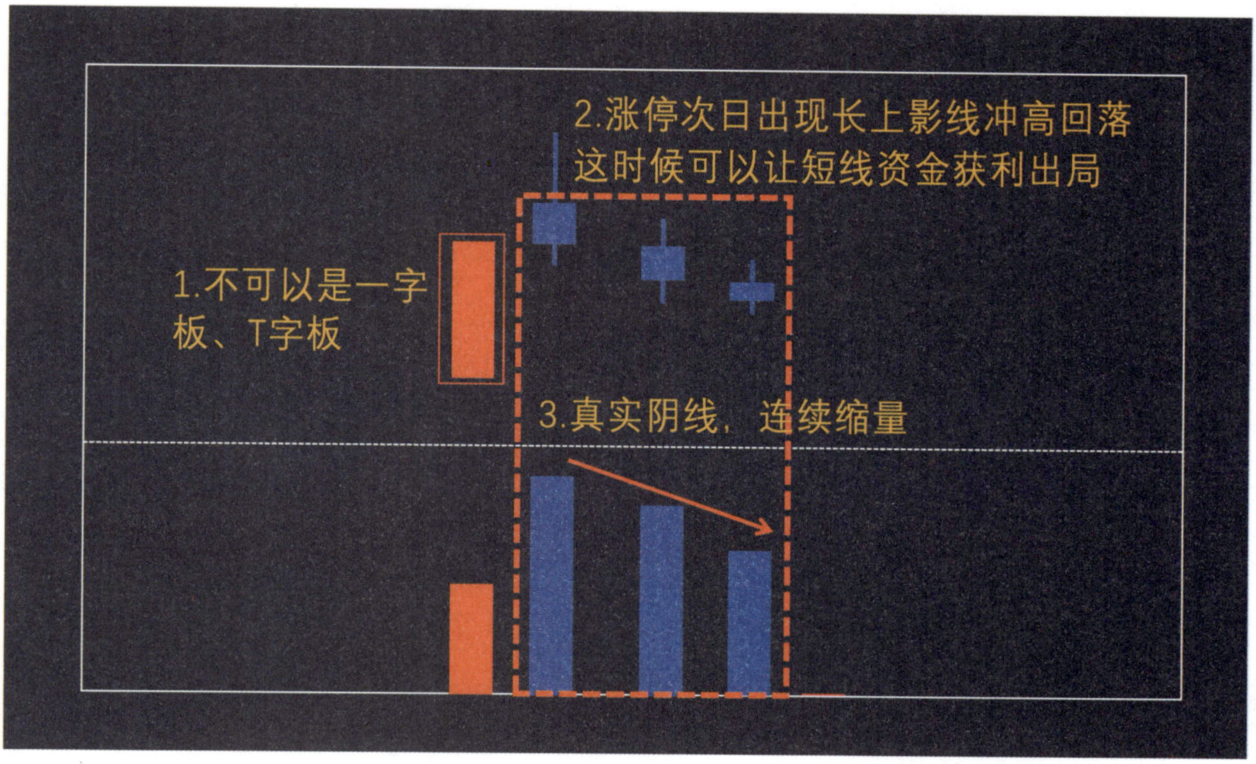

2.涨停次日出现长上影线冲高回落
这时候可以让短线资金获利出局
1.不可以是一字
板、T字板
3.真实阴线，连续缩量

战 法 笔 记

战法25 双指标妖股战法

一、战法概述

1. MACD大于0。
2. KDJ金叉向上。
3. 股价在20日均线之上。
4. 股价小于6元。
5. 非ST、非*ST。

二、操作分解

1. 当MACD大于0（图形上表示为它们处于0线以上）并向上移动时，一般表示行情处于多头行情中，可以买入开仓或多头持仓。

2. KDJ金叉是指K线从下向上与D线交叉，K线上穿D线并形成有效的向上突破是金叉，为买入信号。

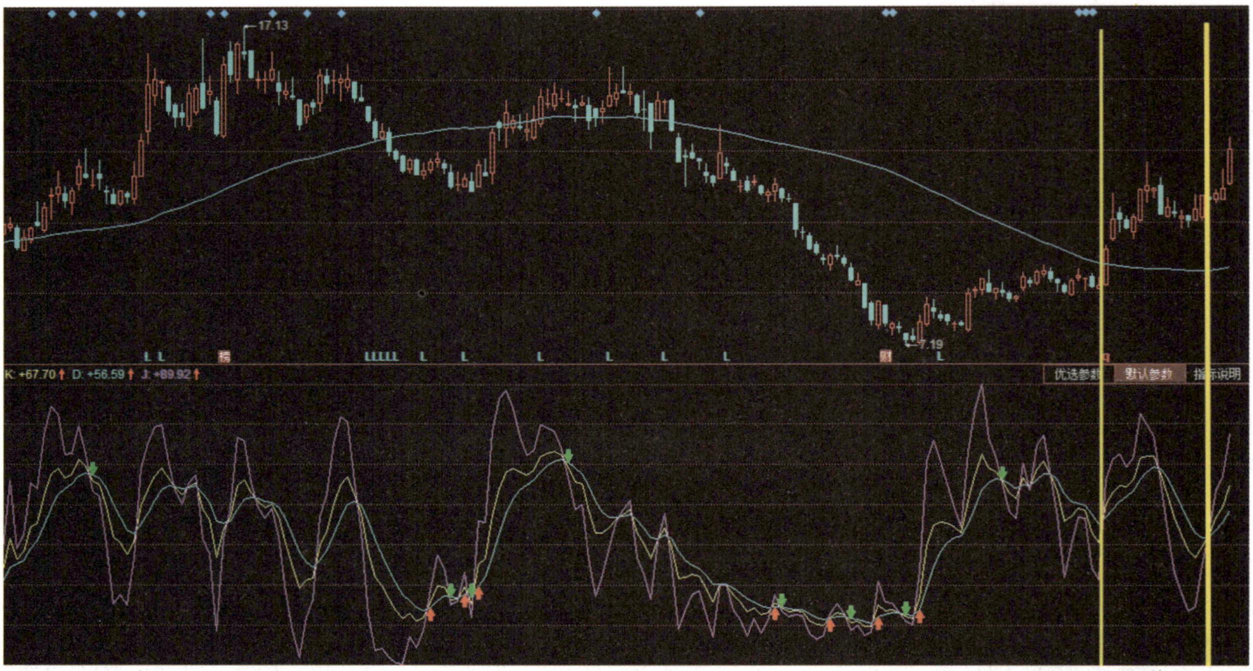

3. 20日均线为股价的行情辅助线，它对价格运行力度和价格趋势角度进行推进，让价格趋势运行方向稳定。当在盘中20日均线呈持续向上攻击状态的时候，若价格突破辅助线，则意味着波段性中线行情已经开始向多，反向也就是向空。

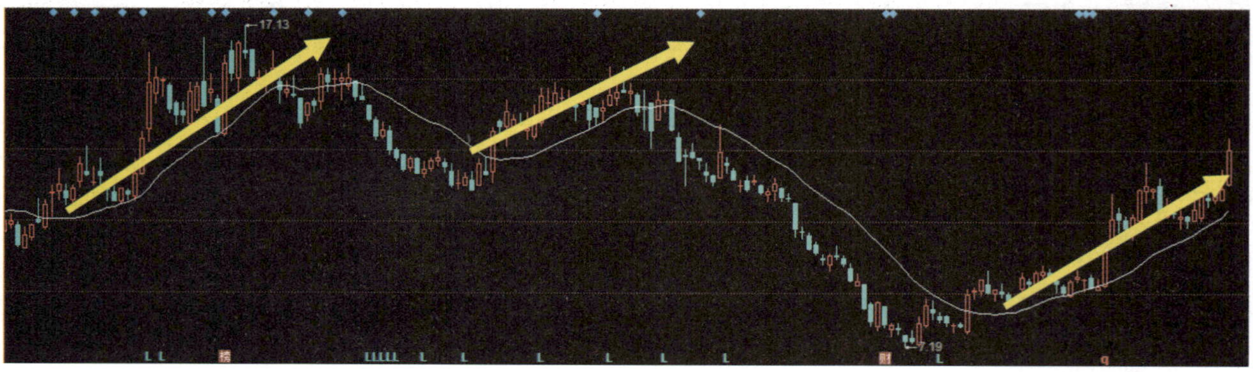

4. 股价小于6元。主力在选择拉升股票的时候，往往会选择低价股作为拉升标的。

5. 非ST、非*ST。ST（Special treatment）股票，指出现财务状况或其他状况异常的公司股票，表明该股票存在投资风险。如果加上*ST，那么就是该股票有退市风险，希望警惕的意思。公司每年4月份会向证监会提交财务报表，如果连续3年亏损，就有退市的风险。

【i问财】搜索：MACD大于0；KDJ金叉向上；股价在20日均线之上；股价小于6元；非ST；非*ST。

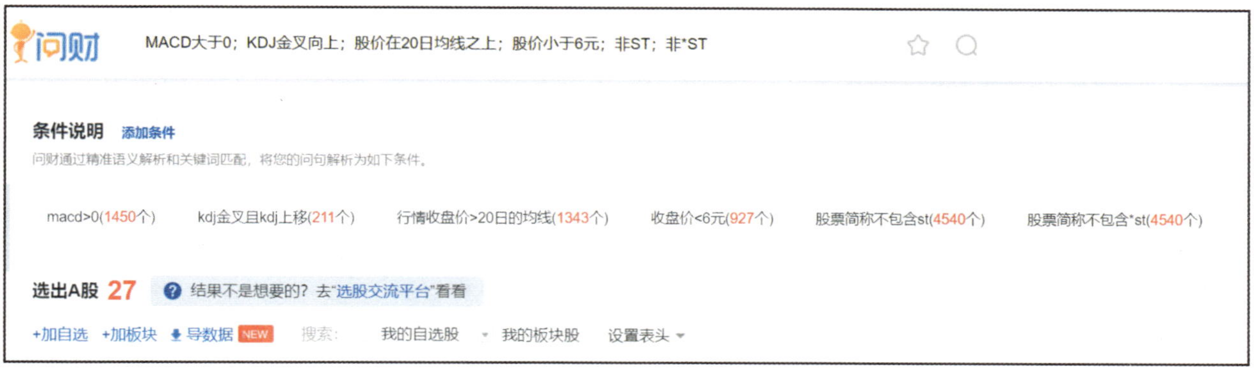

战 法 笔 记

战法26 双阳单阴战法

一、战法概述

1. 必须要满足的条件。

1）大阳线当天必须站上60日均线。

2）股价在前期震荡平台高点附近。

3）当日双阳涨幅要达到5%以上。

4）单阴之后回踩之前最高点或者回踩60日均线不破。

备注：①双阳：成交量是前一天成交量的两倍以上。

②单阴：成交量是前天阳线成交量的一半。

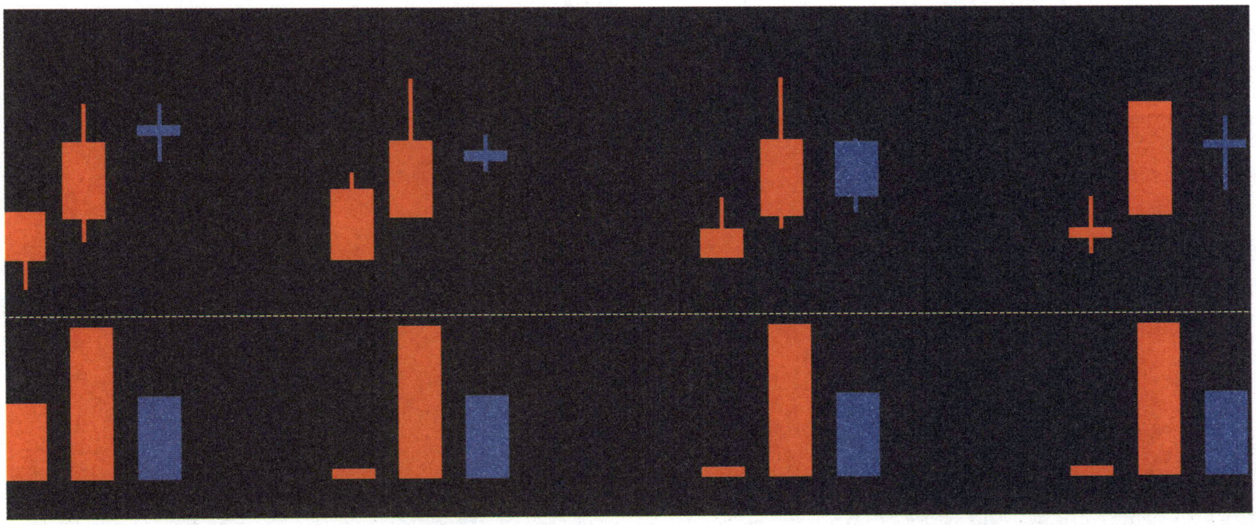

2. 双阳遇单阴介入点。

1）单阴当日买入。

2）回踩前期震荡平台上沿。

3）回踩60日均线。

二、操作分解

1. 大阳线当天股价必须站上60日均线。

60日均线是股价重要的生命线，不论是做波段还是做短线，只有强势站上

60日均线，股价才有机会走出强势上涨形态。

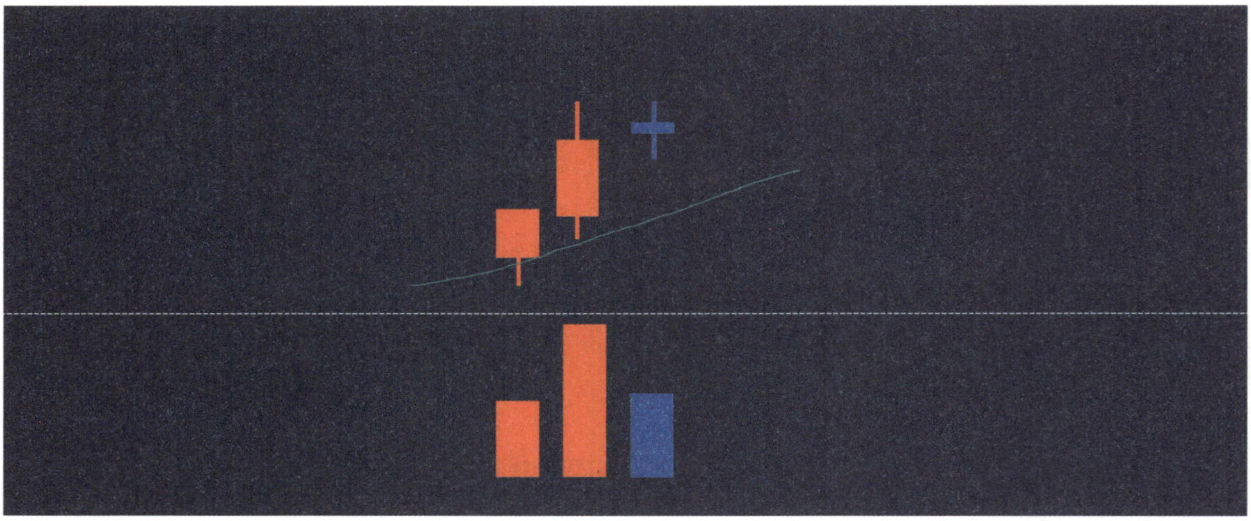

2. 股价在前期震荡平台高点附近。

股价在前期震荡平台附近，这里是大量套牢盘即将解套的位置，在这个位置震荡，能让散户轻松交出自己手里的筹码。

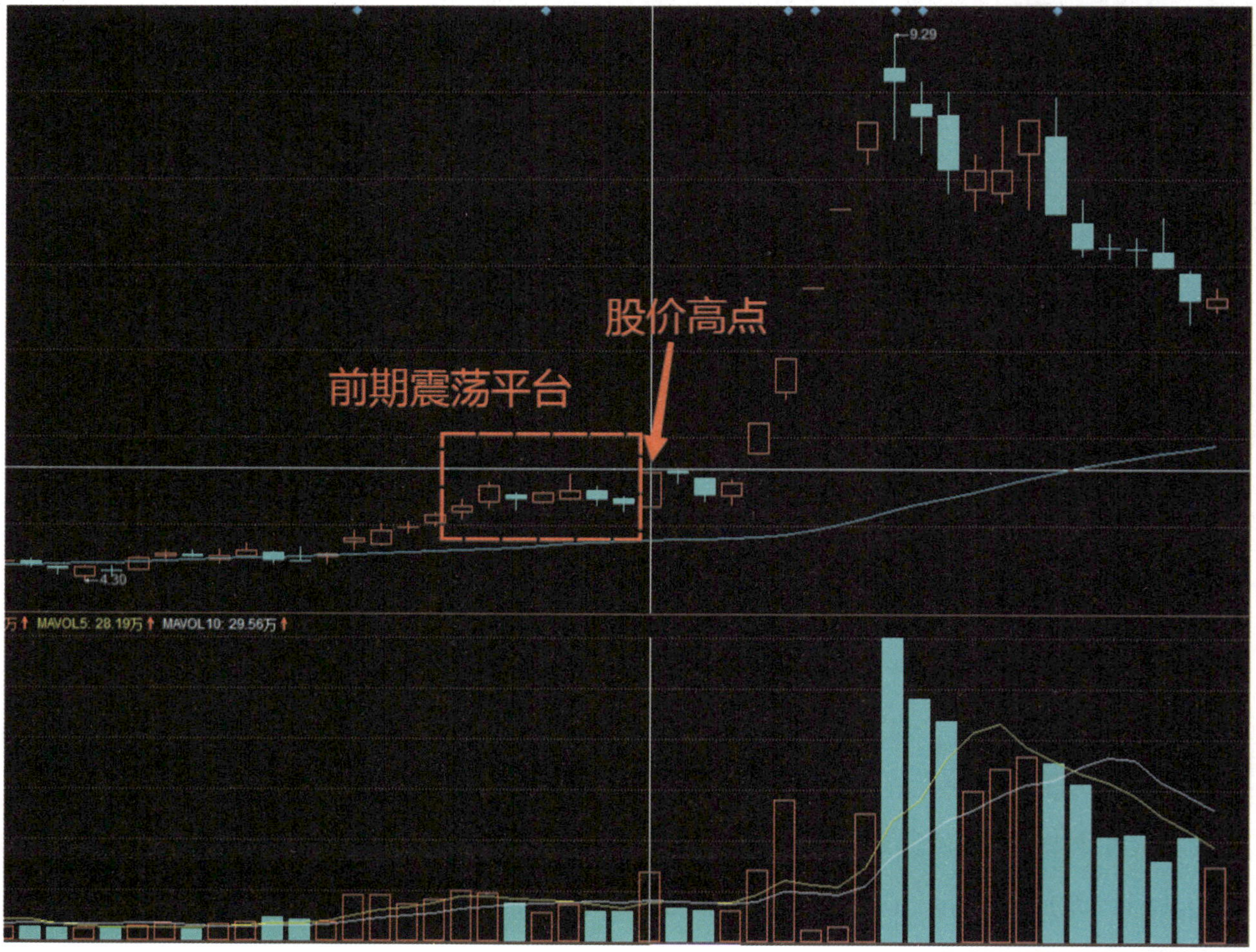

3. 当日双阳涨幅要达到5%以上。

说明主力做多意愿比较强烈，后市可期。

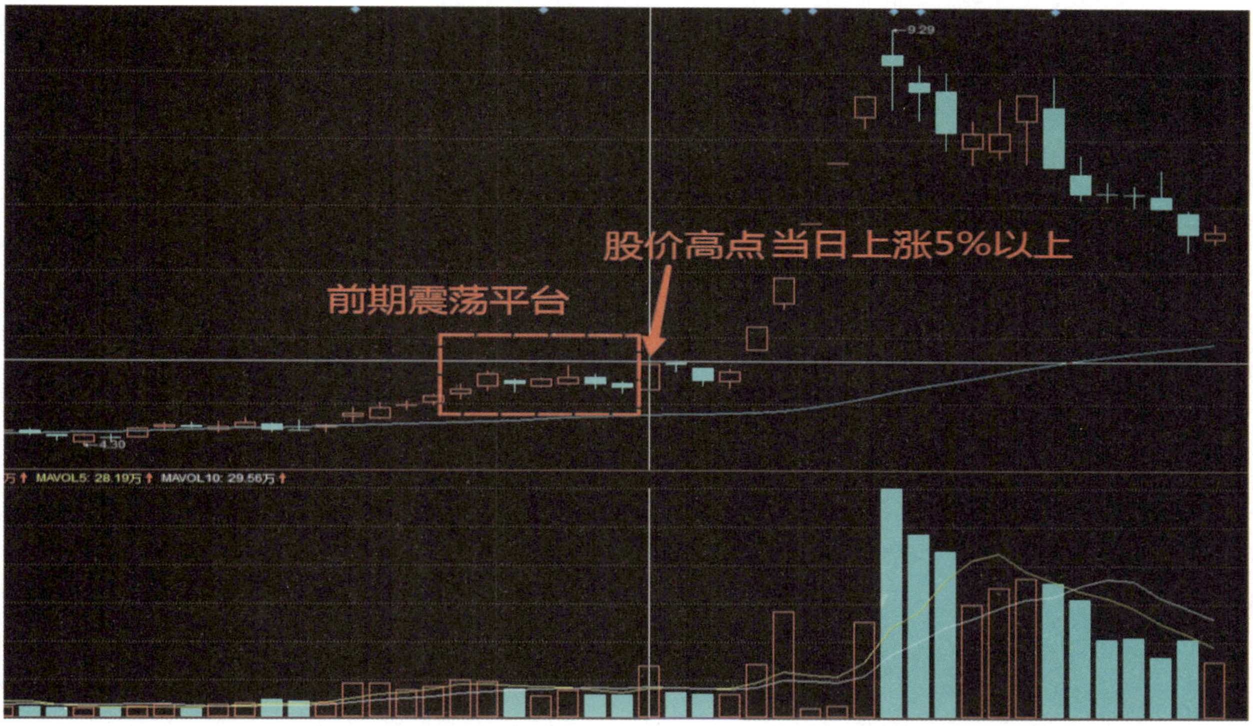

4. 单阴之后回踩之前最高点或者回踩60日均线不破。

单阴线之后，主力可能会有继续洗盘的动作，洗盘回踩的跌幅不能跌破前期的高点或者60日均线，否则不能视为主力洗盘。

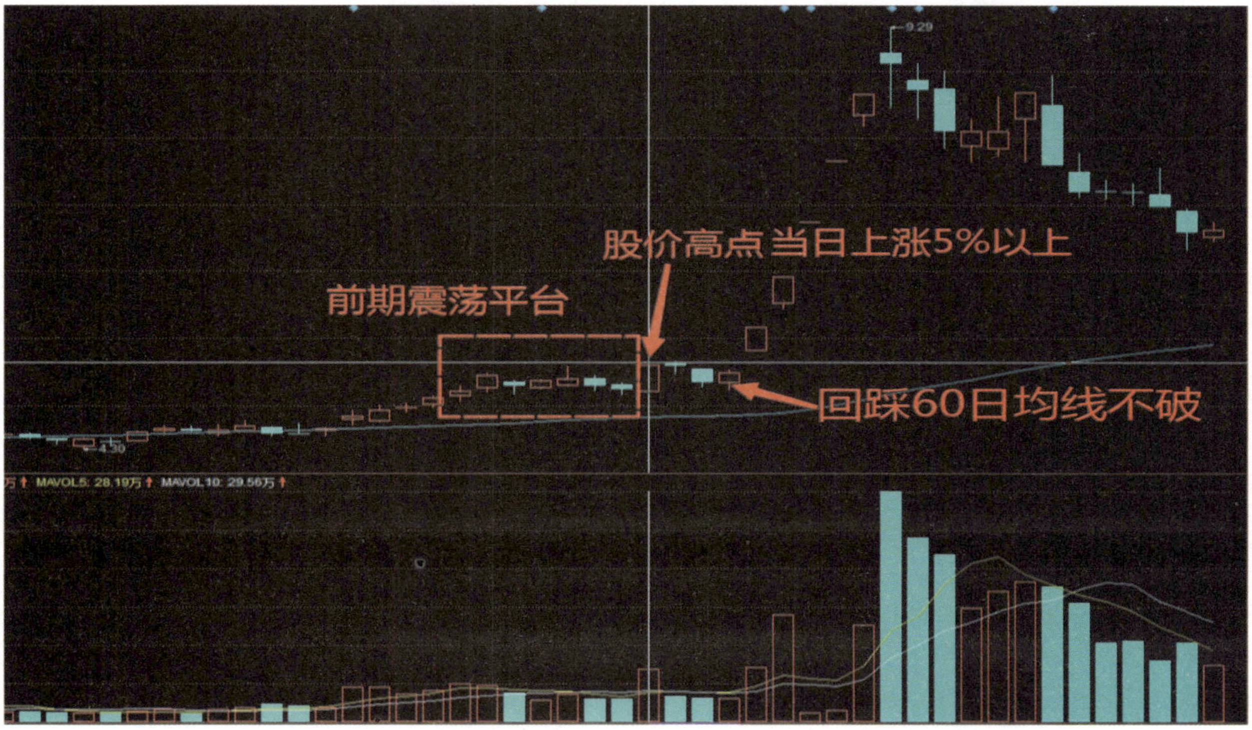

战法笔记